Beck'sche Reihe
BsR 1052

Trotz ihres Mißerfolges bei der Bundestagswahl 1990 muß, wie einige Landtagswahlen der Jahre 1991 und 1992 gezeigt haben, wieder mit den Republikanern und der DVU gerechnet werden. Aber was heißt das konkret? Muß man davon ausgehen, daß sie bei den kommenden Bundestagswahlen den Sprung über die 5%-Hürde schaffen? Trifft zu, was viele Kenner der politischen Situation befürchten: daß sie bei einer Reihe der anstehenden Landtagswahlen und den Europawahlen erfolgreich sein werden?

Das Buch von Jürgen W. Falter untersucht mit den Methoden der empirischen Wahlforschung Fragen wie diese: Woher kommen die Wähler und Anhänger rechtsextremistischer Parteien? Von welchen Parteien sind sie abgewandert? Bei welchen sozialen Schichten und demographischen Gruppen sind die Rechtsextremisten besonders erfolgreich? Was denken ihre Anhänger? Handelt es sich bei ihnen tatsächlich um „echte" Rechtsextreme? Wie groß ist ihr Potential? Wie sehr sind sie festgelegt?

Jürgen W. Falters Buch ist nicht nur eine Analyse, es dürfte in den Wahlkämpfen des Jahres 1994 eines der Arbeitsinstrumente jedes demokratischen Politikers und Bürgers werden.

Jürgen W. Falter, geb. 1944, ist Professor für Politikwissenschaft an der Johannes Gutenberg-Universität Mainz. Er veröffentlichte zahlreiche Bücher und Aufsätze zur Politischen Verhaltens- und Wahlforschung sowie zum Extremismus. Im Verlag C. H. Beck erschien: „Hitlers Wähler" (1991).

Markus Klein, geb. 1969, ist Assistent am Institut für Politikwissenschaft der Johannes Gutenberg-Universität Mainz.

Wer wählt rechts?

Die Wähler und Anhänger
rechtsextremistischer Parteien im vereinigten
Deutschland

*Von Jürgen W. Falter
in Zusammenarbeit mit Markus Klein*

VERLAG C.H.BECK MÜNCHEN

Die Deutsche Bibliothek – CIP-Einheitsaufnahme

Falter, Jürgen W.:
Wer wählt rechts? : Die Wähler und Anhänger
rechtsextremistischer Parteien im vereinigten
Deutschland / von Jürgen W. Falter in
Zusammenarbeit mit Markus Klein. –
München : Beck, 1994
   (Beck'sche Reihe ; 1052)
   ISBN 3 406 37442 5
NE: GT

Originalausgabe
ISBN 3 406 37442 5

Umschlagentwurf: Uwe Göbel, München
© C. H. Beck'sche Verlagsbuchhandlung (Oscar Beck), München 1994
Texterfassung: Institut für Politikwissenschaft,
Johannes Gutenberg-Universität, Mainz
Druck und Bindung: C. H. Beck'sche Buchdruckerei, Nördlingen
Gedruckt auf säurefreiem,
aus chlorfrei gebleichtem Zellstoff hergestelltem Papier
Printed in Germany

Inhaltsverzeichnis

Einleitende Bemerkungen:
Zur Topographie dieses Buches 7

1. Zur Biographie rechtsextremer Parteien in
   Deutschland 13
   Rechtsextreme Vorläuferparteien 13
   Die parteipolitische Herkunft der Rechtswähler .. 23

2. Demographie............................. 28
   Geschlecht............................... 28
   Alter 34
   Familienstand 37
   Gemeindegröße........................... 42

3. Wahlgeographie:
   Aus welchen sozialen und politischen Kontexten
      kommen die Wähler der Rechtsparteien?...... 44
   Die Landtagswahlen vom 5.4.1992 in Schleswig-
      Holstein und Baden-Württemberg 46
   Berlin, Bremen, Hamburg 56

4. Soziographie I 61
   Soziale Stellung und Rechtswahl............... 61
   *Die Wahl der Rechtsparteien in verschiedenen
      sozialen Gruppen* 64
   Sozialer Auf- und Abstieg..................... 71
   Gefährdung des Arbeitsplatzes 74
   Der Einfluß von Kirchen- und Gewerkschafts-
      bindung 79
   Der Einfluß der Konfession................... 82
   Der Einfluß der Gewerkschaftsbindung 87

5. Soziographie II
   Die soziale Zusammensetzung der Anhänger,
      Wähler und Sympathisanten der Rechtsparteien   93
   Anhänger, Wähler und Sympathisanten   93
   Der idealtypische Rechtswähler.   105

6. Zur Psychographie der Rechtswähler I: 107
   Zum Problemhaushalt der Rechtswähler.   107
   Ausländer/Asyl   110
   Das Gefühl sozialer Benachteiligung   116
   Politikverdrossenheit.   119
   Dispositive Zwischenbemerkung   125
   Nationalismus und andere Orientierungselemente
      des Rechtsextremismus   127

7. Zur Psychographie der Rechtswähler II:
   Protest- oder Überzeugungswahl?.   136
   Wie rechts sind die Wähler der Rechtsparteien? . .   147

8. Fazit und Ausblick   154
   Zusammenfassung der wichtigsten
      Untersuchungsergebnisse.   154
   Interpretative Schlußfolgerungen   157
   Praktisch-politische Konsequenzen   158
   Perspektiven   159

9. Bibliographie: Weiterführende Literatur   164

Einleitende Bemerkungen:
Zur Topographie dieses Buches

Wir schreiben das Jahr 1994, ein sogenanntes Superwahljahr mit zwei bundesweiten Wahlgängen, acht Landtagswahlen und, je nach Zählweise, neun oder zehn Kommunalwahlen. Trotz Rückgang in den Umfragen haben die Republikaner und vielleicht sogar die Deutsche Volksunion (DVU) eine realistische Chance, ins Europäische Parlament und in den einen oder anderen Landtag einzuziehen. Eher unwahrscheinlich ist ein Erfolg bei den Bundestagswahlen. Diese werden vermutlich hart umkämpft sein; entsprechend wird dies die Wählerschaft polarisieren; die Wahlbeteiligung dürfte aus diesem Grunde erfahrungsgemäß um einiges höher liegen als bei den übrigen Wahlgängen; Parteien mit kleiner Gefolgschaft werden es entsprechend schwerer haben als bei Landtags- oder Europawahlen, die notwendige Stimmenzahl zur Überwindung der Fünfprozenthürde aufzubringen.

Aber selbst wenn keine der Rechtsparteien 1994 einen nennenswerten Wahlerfolg erzielen sollte (in einige Kommunalparlamente und Kreistage werden sie auf jeden Fall einziehen), existiert ihr Nährboden weiter. Denn wie nahezu alle sich schnell wandelnden Gesellschaften besitzt auch das vereinigte Deutschland ein beachtliches Potential an Rechtsextremismus. Je nach Zurechnung weisen zwischen 5 und 15 Prozent der deutschen Wahlberechtigten ein relativ geschlossenes rechtsextremistisches Weltbild auf. Durch dieses Potential wird zwar nicht die Demokratie akut gefährdet. Es kann jedoch unter bestimmten Umständen durch rechtsradikale Parteien aktualisiert werden, beispielsweise im Verlaufe einer längerandauernden schweren Wirtschaftskrise, im Gefolge tiefgreifenden gesellschaftlichen Umbruchs, wie er sich derzeit in den neuen Bundesländern vollzieht, oder als Antwort auf das permanente Versagen der „politischen Klasse", wie wir es aus Italien kennen.

Sowohl im historischen als auch im internationalen Vergleich stellte Deutschland bisher bei Wahlen, wenn man einmal vom im wahrsten Sinne des Wortes welterschütternden, geradezu springflutartigen NSDAP-Anstieg zwischen 1930 und 1933 absieht, kein besonders günstiges Terrain für den Wahlerfolg rechtsextremistischer Bewegungen dar. Auch liegen die Meßwerte für die Verbreitung rechtsextremistischer Einstellungen hierzulande nicht höher als in anderen europäischen Ländern. Dennoch ist angesichts der jüngeren deutschen Geschichte und der daraus resultierenden, immer noch wirksamen Erinnerungen und Ängste sowie der nach wie vor hohen Sensibilität des Auslands gegenüber allen Anzeichen eines neuen deutschen Sonderwegs erhöhte Wachsamkeit bei jedem Aufflackern des Rechtsextremismus geboten. Wir sind hier noch weit von jeder Normalisierung entfernt. Wenn dennoch bei Teilen der jüngeren Generation die Sensibilität gegenüber der besonderen Verpflichtung, in der Deutschland nach wie vor steht, allmählich schwindet, so kann nur ein oberflächlich Urteilender das als Schritt zu einer solchen Normalisierung ansehen.

Die Aufgabe des Sozialwissenschaftlers besteht dabei u. E. nicht in der schnellen, wohlfeilen Verurteilung, sondern in der unbarmherzigen, möglichst vorurteilsfreien Diagnose der Phänomene, in Aufklärung und, falls die Erkenntnisse dazu reichen, in Vorschlägen zur Therapie. Welche Gegenmittel letztendlich zu verordnen sind, obliegt der Gesellschaft und ihren dazu berufenen Institutionen, ist vornehmlich Sache der Politik und der verschiedenen Organisationen des politischen und vorpolitischen Raums, der Parteien, Kirchen, Gewerkschaften etc.

Diagnose ist denn auch das Hauptanliegen dieses Buches. Uns interessiert,
- wer in Deutschland heute für die rechten Randparteien stimmt;
- wo, d.h. in welchen geographischen und sozialen Kontexten sie gewählt werden;
- welche sozialen und psychischen Faktoren eine Wahl dieser Parteien begünstigen;
- ferner, ob es sich in erster Linie um ideologisch nicht motivierte Protest- oder um rechtsextremistisch eingestellte Überzeugungswähler handelt;
und

– welche möglichen strategischen Konsequenzen sich für die Politik und die etablierten Parteien aus unseren Erkenntnissen ableiten lassen.

Damit ist die Gliederung des Buches bereits vorgezeichnet. Das erste Kapitel behandelt die bisherigen Wahlerfolge rechtsextremistischer Parteien in Deutschland. Danach fragen wir, bei welchen demographischen Gruppen die Parteien am rechten Rand des politischen Spektrums besonders erfolgreich sind. Das dritte Kapitel beschäftigt sich mit der Wahlgeographie der Rechtsparteien in verschiedenen Stadt- und Flächenstaaten, in denen Republikaner oder DVU in den letzten fünf Jahren besonders erfolgreich waren; wir versuchen dabei herauszuarbeiten, in welchen sozialen und geographischen Kontexten sie über- bzw. unterdurchschnittlich gut abgeschnitten haben. Das vierte Kapitel sucht dann bereits eher nach Erklärungen, indem es eine der interessantesten, u. E. am besten durchdachten Theorien des Rechtsextremismus in entwickelten Gesellschaften, die sogenannte Modernisierungsverlierertheorie, ins Visier nimmt. Das fünfte Kapitel liefert dann eine Zusammenfassung des soziodemographischen Teils, indem es in einer Umkehrung der bisherigen Perspektive danach fragt, wie die Wähler, Anhänger und Sympathisanten der Rechtsparteien sozial zusammengesetzt sind. Die verbleibenden Kapitel des Buches sind dem Versuch gewidmet, eine Art Psychogramm der deutschen Rechtswähler aufzustellen und danach zu fragen, welche Hoffnungen, Ängste und Wünsche Bürger dazu motivieren, für diese Parteien zu stimmen. Im Mittelpunkt des Interesses steht dabei das Verhältnis von protestmotivierter und ideologisch orientierter Wahl oder, anders formuliert, die Frage nach dem Anteil überzeugter Rechtsradikaler innerhalb der Wählerschaft der Republikaner und der DVU. Wir gelangen bei der Untersuchung dieser Frage zu höchst überraschenden, der Alltagsweisheit, aber auch unseren eigenen Erwartungen widersprechenden Ergebnissen, die eine Neubewertung der Republikanerwahlerfolge nahelegen. Die abschließenden Bemerkungen endlich dienen einerseits der Zusammenfassung der Ergebnisse, andererseits dem Versuch, einige praktisch-politische Schlußfolgerungen aus unseren Erkenntnissen zu ziehen.

Untersuchungsobjekt sind die Wähler der NPD, der DVU, natürlich der Republikaner und streng genommen auch der Deutschen Liga. Dem Umfrageforscher stellt sich allerdings das Problem, daß selbst bei sehr umfangreichen Stichproben derzeit fast immer nur die Republikaner und in den neuen Bundesländern teilweise auch noch die DVU mit ausreichend großen Befragtenzahlen vertreten sind. Die NPD und die Deutsche Liga erfahren, falls sie überhaupt getrennt ausgewiesen werden, bestenfalls sehr vereinzelte Nennungen. Nur 0,1 Prozent der Befragten, das sind ganze 11 von 8300 Personen, äußerten 1993 in den alten Bundesländern eine Wahlabsicht zugunsten der DVU; der NPD wollten im Westen sogar nur neun Befragte bei Bundestagswahlen die Stimme geben. Selbst in Bremen und Schleswig-Holstein, wo die DVU im Landesparlament sitzt, gaben sich nicht mehr als 0,5 Prozent aller Befragten als DVU-Wähler zu erkennen. Noch weniger waren es im Falle der NPD. Offensichtlich handelt es sich bei der DVU um eine trotz ihrer regionalen Wahlerfolge nach wie vor sozial stigmatisierte Partei, zu der man sich selbst in der relativen Anonymität einer telefonischen Befragungssituation nicht so leicht bekennt. Im Osten hingegen bezeichneten sich in den Umfragen der Forschungsgruppe Wahlen exakt fünfmal so viele Befragte, nämlich 55 von insgesamt 8721 Personen, die zwischen Januar und Dezember 1993 über ihre politischen Präferenzen befragt worden waren, als DVU-Wähler (übrigens erfolgte die Befragung hier im Gegensatz zum Westen wegen der nach wie vor geringen Telefondichte nicht fernmündlich, sondern in persönlichen Interviews). Diese größere Bekenntnisfreudigkeit der DVU-Wähler könnte damit zu tun haben, daß in Ostdeutschland die DVU weniger bekannt und damit möglicherweise sozial weniger geächtet ist als die Republikaner.

Als Konsequenz fassen wir für 1993 die Wähler der vier Rechtsparteien unter der Kategorie „Rechtswähler", „rechte Wähler" etc. zusammen. In ihrer großen, in den alten Bundesländern sogar übergroßen Mehrheit repräsentiert die Kategorie der „Rechtswähler" dabei die Wähler der Republikaner. Angesichts der aus den Umfragen und der amtlichen Statistik hervorgehenden, relativ geringen weltanschaulichen, demographischen und sozialstrukturellen Unterschiede zwischen den Wählern von DVU und Republikanern erscheint diese Zusammenfassung als gerechtfertigt. Statt von „Rechtswählern" könnte man ohne nennenswerten Informationsverlust daher auch je nach Kontext von Republikaner- und DVU-Wählern sprechen. Für 1994 werden in der von uns ausgewerteten Umfrage dann überhaupt nur noch die Republikaner erfaßt, so daß wir hier explizit von „Republikanerwählern" sprechen.

Um nicht ständig die drei oder vier rechten Parteien einzeln aufzählen zu müssen, verwenden wir abwechselnd einmal den Begriff „rechte Randparteien", ein andermal reden wir von „rechten Flügelparteien", ein drittes Mal von „Rechtsparteien" und stellenweise auch von „rechtsextremistischen" oder „rechtsradikalen Parteien". Dieser Wechsel der Bezeichnungen dient keinem anderen Zweck als der sprachlichen Variation. Wir wollen damit begrifflich nichts präjudizieren oder gar insinuieren. Auf keinen Fall wollen wir uns in die Debatte begeben, inwieweit und auf welche Weise die Republikaner oder die DVU als „rechtsextremistisch" oder „rechtsradikal" im Sinne des Verfassungsschutzberichtes oder der Begrifflichkeit des Bundesverfassungsgerichtes zu bezeichnen sind. Die Auseinandersetzung darüber ist in anderer Perspektive sehr wichtig, für uns jedoch unfruchtbar. Unser Erkenntnisinteresse richtet sich auf die Struktur und die Motive der Wählerschaft der Parteien am rechten Rand des politischen Spektrums. Ob diese Parteien nun gerade noch verfassungskonform, schon verfassungsfeindlich oder gar verfassungswidrig sind, ist für die Beantwortung dieser Fragestellung unwichtig. Die Entscheidung über die verwendeten Begriffe wird mithin von rein pragmatischen und teilweise auch ästhetischen Erwägungen bestimmt.

Wie schon aus dem Untertitel zu erkennen, beschäftigen wir uns, wo dies sinnvoll erscheint und das verfügbare Material das ermöglicht, mit drei Kategorien von Befragten, welche die Rechtsparteien in der einen oder anderen Weise unterstützen: mit dem harten Kern der „Anhänger", die sich der Partei längerfristig verbunden fühlen (gemessen wird dies durch die in der Wahlforschung übliche, verbreitete Parteiidentifikationsfrage); ferner und am intensivsten mit den „Wählern" (gemeint sind damit, außer in den demographischen und wahlgeographischen Partien des Buches, Personen mit „rechter" Wahlabsicht, die wir mit Hilfe der bekannten Wahlsonntagsfrage ermittelt haben); und schließlich „Sympathisanten" (das sind Befragte, die auf eine entsprechende Frage nach der Parteisympathie positive Empfindungen gegenüber den Republikanern äußern). Die DVU und die NPD werden in den Sympathieskalometern der Forschungsgruppe Wahlen, auf die wir uns dabei stützen, 1993 nicht berücksichtigt.

Als Materialbasis der Untersuchung dient eine Vielzahl unterschiedlicher Daten: offizielle Wahlergebnisse auf Gemeinde- und Stimmbezirksebene, Resultate der amtlichen Repräsentativstatistik, ebenfalls auf Gemeinde- und Stimmbezirksebene verfügbare Volkszählungsergebnisse, Wahltagsbefragungen und, vor allem anderen, Umfragen. Weite Teile der Untersuchung stützen sich auf die Auswertung von Umfragen der Forschungsgruppe Wahlen und der Konrad-Adenauer-Stiftung, bei denen wir uns für die Überlassung der Daten herzlich bedanken; außerdem legte das Bielefelder EMNID-Institut in unserem Auftrag einer repräsentativen Stichprobe der Wahlberechtigten im Februar 1994 im Rahmen einer politischen Mehrthemenumfrage eine von uns für die Zwecke dieses Buches zusammengestellte Rechtsextremismusskala vor.

Das Manuskript habe ich Ende März 1994 abgeschlossen. Obwohl der Untersuchung eine Vielzahl von zum Teil hochkomplexen statistischen Auswertungen zugrunde liegt, wurde versucht, eine einfache, auch für den Laien verständliche Darstellungsweise mit vielen Grafiken und relativ wenigen Tabellen durchzuhalten. Die Datenauswertung führte Markus Klein durch, Cornelia Weins war für die statistischen Berechnungen für den wahlgeographischen Teil zuständig. Die Endgestaltung der Grafiken und das Layout besorgte Achim Ruß. Ihnen allen sei hier, ebenso wie den anderen Mitarbeitern meines Lehrstuhls an der Universität Mainz, die mit Rat und Kritik am Zustandekommen dieses Buches beteiligt waren, sehr herzlich gedankt.

1. Zur Biographie rechtsextremer Parteien in Deutschland

Rechtsextreme Vorläuferparteien

Die Wahlerfolge rechtsextremer Parteien in Deutschland sind fast so alt wie das allgemeine Wahlrecht. Bereits im Kaiserreich warb eine Vielzahl antisemitischer Parteien und Abgeordneter um die Gunst der Wähler. Ihre damalige Wählerbasis scheint vor allem aus evangelischen Kleinbauern und städtischen Kleinbürgern bestanden zu haben. Allerdings liegen genauere, modernen wahlhistorischen Kriterien standhaltende Studien hierzu bisher nicht vor. In der Weimarer Republik wurde der politische Rechtsextremismus zunächst von verschiedenen völkischen Gruppierungen, dann von der NSDAP verkörpert. In der Bundesrepublik warben anfangs v. a. die schon 1952 verbotene Sozialistische Reichspartei (SRP), die Deutsche Reichspartei (DRP) und die Deutsche Gemeinschaft (DG) um Wählerstimmen. Seit Mitte der 60er Jahre kandidiert die Nationaldemokratische Partei Deutschlands (NPD) um Parlamentssitze; einige Jahre später wurde die allerdings nicht bei allen Wahlen kandidierende Deutsche Volksunion (DVU) gegründet; seit Mitte der 80er Jahre werben die Republikaner um Wählerstimmen. Alles in allem handelt es sich bei diesen Parteien, sieht man einmal vom historisch einmaligen Sonderfall NSDAP ab, um Gruppierungen mit sehr begrenzter Resonanz bei den Wahlberechtigten. So gewannen die verschiedenen antisemitischen Kandidaten während des Kaiserreiches auf dem Höhepunkt ihrer Erfolge maximal 16 von 397 Reichstagssitzen, erzielten die Völkischen bei den Inflationswahlen von 1924 in Listenverbindung mit der NSDAP nur 6 Prozent der gültigen Stimmen, während es die NSDAP auf dem Höhepunkt der Weltwirtschaftskrise im Sommer 1932 dann allerdings auf 37,4 Prozent der Stimmen brachte. Die schon bald als verfassungswidrig verbotene SRP kandidierte niemals bundesweit, erreichte aber 1951 bei den niedersächsischen Landtagswahlen immerhin 11 Prozent. Die teilweise in ihrer Nachfolge stehende DRP war lediglich regional erfolgreich. Dies gilt auch für die NPD, die zwar 1969 den Sprung in den Bundestag nur knapp verfehlte, dann aber sehr schnell in eine bis heute andauernde Phase der Bedeutungslosigkeit verfiel.

Abb. 1.1: Die Wahlergebnisse rechtsextremer Pateien bei den Bundestagswahlen 1949 bis 1990

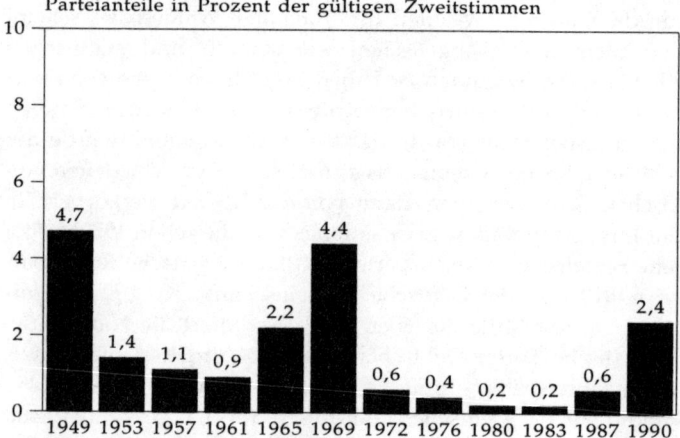

Quelle: Backes/Jesse: Politischer Extremismus, Bd. III, S.75, 1949 bis 1987: nur alte Bundesrepublik; 1990: Gesamtdeutschland

Besonders erfolgreich waren die Rechtsparteien in der Bundesrepublik bei Wahlen bisher wirklich nicht. Zwar gelang es ihnen immer wieder einmal bei Landtagswahlen, ein paar Mandate zu gewinnen; auch zogen sie bei günstiger politischer Konjunktur in eine ganze Reihe von Gemeindevertretungen ein; sogar ins Europäische Parlament gelang ihnen der Sprung mit einer Handvoll Abgeordneter. Doch in den Bundestag schafften sie es, unter welchem Namen auch immer, mit Ausnahme von 1949 nicht.

Bei der ersten Bundestagswahl allerdings, bei der die Fünfprozent-Sperrklausel in der heutigen Form noch nicht galt, waren über die Liste der Deutsch-Konservativen Partei/Deutschen Reichspartei bei bundesweit nur 1,8 Prozent der Wählerstimmen fünf Abgeordnete in den Deutschen Bundestag gewählt worden. Einer von ihnen trat jedoch sehr bald zur Sozialistischen Reichspartei über, die im Herbst 1952 vom Bundesverfassungsgericht für verfassungswidrig erklärt worden war. Dadurch verlor dieser Abgeordnete noch vor Ablauf der Legislaturperiode sein Mandat. Darüber hinaus waren auch einige Abgeordnete der ebenfalls am rechten Rand des Parteienspektrums angesiedelten, aber wohl doch nicht vollständig rechtsextremistischen Wirtschaftlichen Aufbauvereinigung dem extremen Lager zuzurechnen.

Dennoch erreichten diese beiden Parteien im Jahre 1949 bundesweit nicht einmal zusammengenommen die Fünfprozentgrenze. Wie Abbildung 1.1. zeigt, fielen in den nachfolgenden drei Bundestagswahlen die (wiederum kombinierten) Stimmenanteile der diversen Gruppierungen am rechten Rand des Parteispektrums auf unter zwei, 1961 sogar auf weniger als ein Prozent. Erst die Gründung der NPD im Jahre 1963 führte dann wieder zu einem leichten Anstieg der für die rechten Parteien abgegebenen Stimmen. Gegründet worden war die NPD als eine Sammlungsbewegung des rechten Lagers, wobei nationalkonservative Politiker wie der ehemalige Bremer DP-Vorsitzende Fritz Thielen als Aushängeschild einer im Kern rechtsextremen Partei fungierten. Nach heftigen innerparteilichen Auseinandersetzungen übernahmen schon bald frühere Spitzenpolitiker der Deutschen Reichspartei wie der an Stelle Thielens zum NPD-Vorsitzenden gewählte Adolf von Thadden nun auch nach außen hin erkennbar die Partei. Nach einer Serie von Landtagswahlerfolgen rechneten viele Beobachter bei den Bundestagswahlen 1969 mit einem Einzug der NPD in den 6. Deutschen Bundestag. Doch scheiterte die Partei mit 4,3 Prozent der gültigen Stimmen knapp an der Fünfprozent-Sperrklausel. Schon bei der nächsten Bundestagswahl fiel sie mit einem Stimmenanteil von nur noch 0,6 Prozent in die Bedeutungslosigkeit. Diese Marke vermochte sie bundesweit bis heute nicht mehr zu überschreiten. Und auch der 1983 gegründeten Partei „Die Republikaner" gelang es trotz unerwarteter Erfolge bei den Berliner Abgeordnetenhauswahlen von 1989 und den Europawahlen des gleichen Jahres nicht, bei der ersten gesamtdeutschen Bundestagswahl des darauf folgenden Jahres auch nur in die Nähe der Fünfprozentgrenze zu gelangen.

Bundesweit bewegten sich die kombinierten Stimmenanteile der rechten Randparteien folglich typischerweise in einer Bandbreite von nur ein bis zwei Prozent. Lediglich die Wahlen der Jahre 1949, 1965 und 1969 weichen von dieser Regel ab. Alle drei fanden während oder kurz nach größeren wirtschaftlichen und sozialen Krisen statt. So hatte sich 1949 das spätere Parteiensystem noch nicht voll herausgebildet; ja, in gewisser Weise ähnelte die Bundestagswahl 1949 in ihrem Resultat und den darin sichtbar werdenden Strukturen eher bestimmten Weimarer Wahlen als späteren Bundestagswahlen. Die Kriegsfolgeprobleme, denen sich die junge Republik gegenüber sah, waren enorm: Fast 10 Millionen Flüchtlinge und Heimatvertriebene mußten versorgt, untergebracht und sozial integriert werden; daneben gab es rund 5 Millionen Ausgebombte, 2 Millionen Spätheimkehrer, eine mindestens ebenso hohe Zahl von Kriegswaisen, 1,5 Millionen Schwerkriegsbeschädigte, 2 Millionen nicht wieder eingestellte Beamte, Berufssoldaten und ehemalige NSDAP-Angestellte und eine Arbeitslosenquote, die mit 11 Prozent höher lag als die jetzige. Gegenüber den damit verbundenen wirtschaftlichen und sozialen Problemen, die von einer zerbombten, erst allmählich wieder in Gang kommenden Volkswirtschaft zu bewältigen waren, sollten die gegenwärtigen, durch die deutsche Vereinigung entstandenen Friktionen aus westlicher Sicht eigentlich wie Petitessen wirken. Etwa Mitte der sechziger Jahre erschütterte eine weitere, in ihren Ausmaßen sehr viel kleinere, subjektiv aber dennoch als ausgesprochen bedrohlich empfundene Wirtschaftskrise das gerade erst wieder zurückgewonnene Selbstbewußtsein der Deutschen. Die Arbeitslosenquote stieg auf 2,1 Prozent, die Zahl der Kurzarbeiter wuchs, die nicht enden wollende Phase des stetigen Wachstums schien jäh zu einem Ende gekommen. Diese gegenüber späteren Jahren relativ harmlose Krise führte, wie erinnerlich, zunächst zur großen Koalition und in deren Gefolge zu einem Aufschwung des rechten Lagers. Der kurz zuvor gegründeten NPD gelang es, in die Landtage von Hessen, Bayern, Niedersachsen, Hamburg und Baden-Württemberg einzuziehen. Der Überwindung der Wirtschaftskrise folgte dann jedoch, wie gesehen, der faktische Mißerfolg der NPD bei der Bundestagswahl 1969, wo es der Partei trotz einer Verdoppelung ihres Stimmenanteils gegenüber 1965 nicht gelang, in den Bundestag einzuziehen.

Schließlich war auch das Jahr 1989, in dem die Republikaner ihre ersten großen Wahlerfolge erzielen konnten, durch krisenhafte Erscheinungen wie eine sich nun schon seit 1983 auf hohem Niveau bewegende Arbeitslosenquote von knapp 9 Prozent gekennzeichnet. Begleitet wurde diese strukturelle Krise aber von Einstellungsänderungen gegenüber Politikern und Parteien, die unter dem griffigen, wenn auch irreführenden Etikett der Politikverdrossenheit von der Gesellschaft für deutsche Sprache zum Wort des Jahres 1992 erkoren wurde. Gemeint ist tatsächlich weniger eine Verdrossenheit weiter Bevölkerungskreise mit der Politik an sich, als vielmehr mit bestimmten Austragungsformen des politischen Spiels und den Akteuren dieses Spiels, der Politikerklasse und den etablierten Parteien. Beides, Politiker- und Parteienverdrossenheit wird uns noch eingehender beschäftigen, wenn wir uns der Erklärung der gegenwärtigen Erfolge von Republikanern, NPD und DVU zuwenden.

Im internationalen Vergleich lag und liegt die Bundesrepublik, was die Wahlerfolge von Rechtsparteien angeht, eher an der unteren Grenze (vgl. Abbildung 1.2). Lediglich in den angelsächsischen Demokratien haben bekanntlich – nicht zuletzt aufgrund der durch die relative Mehrheitswahl gesetzten Hürden – sehr weit rechts und sehr weit links stehende Gruppierungen kaum eine Chance, sich gegen die großen, etablierten Parteien der rechten und linken Mitte durchzusetzen. In Frankreich, Italien, Belgien und Dänemark hingegen, ja in den sich selbst als besonders demokratisch und immun gegenüber Radikalismen aller Art verstehenden Niederlanden gibt es relativ erfolgreiche Parteien am rechten Rande des politischen Spektrums. Trotz manchmal sehr stark diskriminierender Wahlsysteme wie dem der romanischen Mehrheitswahl mit Stichentscheid im 2. Wahlgang vermögen diese Parteien schon seit Jahren in einigen dieser Länder sehr viel höhere Wähleranteile zu gewinnen als Republikaner, NPD und DVU zusammengenommen. So erreichte der Front National Jean-Marie Le Pens bei den Wahlen zur französischen Nationalversammlung im Jahre 1993 im 1. Wahlgang stolze 12,8 Prozent der gültigen Stimmen, errangen die Neofaschistenbewegung MSI und die rechtspopulistische Lega Lombarda in Italien sogar 14,1 Prozent. In anderen südeuropäischen Ländern hingegen gibt es trotz (oder vielleicht wegen?) ihrer noch nicht allzu lange zurückliegenden Erfahrungen mit rechten Diktaturen derzeit keine rechtsextremen Parteien. Dagegen erweisen sich weder die nordeuropäischen Demokratien noch die Beneluxländer als immun gegenüber rechtsextremen Gruppierungen.

Abb 1.2:   Wahlergebnisse rechtsextremistischer und nationalpopulistischer Parteien in europäischen Ländern bei nationalen Wahlen

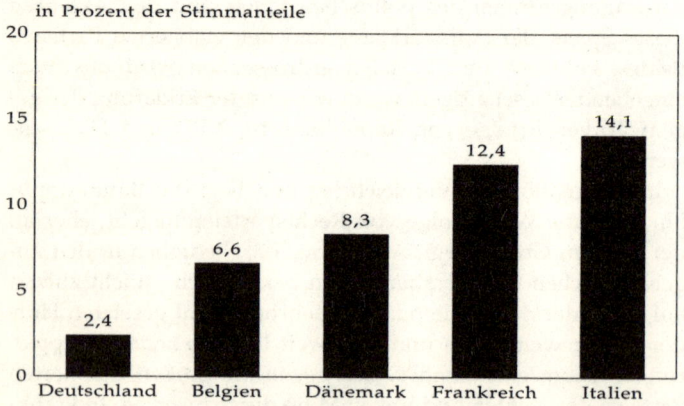

Anm.:   Deutschland 1990 (Republikaner 2,1%, NPD 0,3%); Belgien 1990 (Vlaams Block); Dänemark 1990 (Fortschrittspartei); Frankreich 1993 (Front National); Italien 1992 (MSI-DN 5,4%, Lega Lombarda 8,7%)

Im internationalen Vergleich war die Bundesrepublik nach dem Kriege bei Wahlen folglich eher ein schwieriges Gelände für den Rechtsextremismus. Dies wird vor allem an den relativ unbedeutenden Wahlerfolgen der diversen Rechtsaußenparteien bei Bundestagswahlen deutlich. Bei Nebenwahlen mit geringerer politischer Bedeutung und dementsprechend niedrigerer Wahlbeteiligung, wie sie etwa die Europawahlen darstellen, zeigten sich dagegen die Rechtsparteien, allen voran die Republikaner, erfolgreicher. In solchen Wahlen, wo es politisch um wenig mehr zu gehen scheint als um eine recht unverbindliche Meinungsäußerung, wo also, in der Sprache der Wissenschaft ausgedrückt, die Stimmabgabe eher eine expressive als eine instrumentelle Funktion annimmt und die Wähler dazu tendieren, stärker „aus dem Bauch heraus" abzustimmen, erreichten 1989 Republikaner und NPD bundesweit zusammen immerhin 8,7 Prozent.

Von der im Vergleich zu Bundestagswahlen deutlich geringeren Wahlbeteiligung her gesehen, aber auch durch die schleichende Aushöhlung des Föderalismus bedingt, stellen selbst Landtagswahlen immer mehr „Nebenwahlen" dar. Auch hier haben es, die Wahlerfolge der SRP und DRP in den fünfziger und der NPD in den sechziger Jahren beweisen es, die rechten Randparteien leichter, die Fünfprozenthürde zu überwinden: Wo es den etablierten Parteien nur schwer gelingt, ihre Anhänger zu mobilisieren, wird es für die extremen Parteien von rechts und links einfacher, mit Hilfe ihrer im allgemeinen politisch stärker motivierten Anhänger die notwendigen Stimmenanteile einzufahren. Es ist eine leicht nachzuvollziehende Rechnung, daß bei einer Wahlbeteiligung, die nur zwei Drittel so hoch liegt wie bei Bundestagswahlen, zur Erringung eines Parlamentssitzes im Schnitt ebenfalls nur zwei Drittel der Stimmen notwendig sind, die für ein Bundestagsmandat benötigt werden.

Da schafft eine Partei, deren Potential bundesweit um die drei Prozent herumdümpelt, bei entsprechend niedriger Wahlbeteiligung und gleichzeitiger überdurchschnittlicher Mobilisierung ihrer Anhänger leicht einmal den Sprung in einen Landtag oder in das Parlament eines Stadtstaates. Den Republikanern gelang das bisher in West-Berlin und Baden-Württemberg, der DVU in Bremen und Schleswig-Holstein.

Ein erstes Warnzeichen dafür, daß die Republikaner eine erfolgreichere Sammlungsbewegung der heimatlosen Rechten darstellen könnten als die NPD, waren die 3 Prozent Stimmen, die von ihnen bei der Bayerischen Landtagswahl 1986, also noch zu Lebzeiten von Franz Josef Strauß, erreicht wurden. Diesem relativ erfolgreichen Debüt schloß sich jedoch schnell eine Phase der politischen Erfolglosigkeit an, als die neugegründete Partei in einer Serie von Landtagswahlen in Rheinland-Pfalz, Bremen, Baden-Württemberg und Schleswig-Holstein nur um ein Prozent der gültigen Stimmen zu erringen vermochte (vgl. Tabelle 1.1). Die Republikaner schienen das Schicksal vieler Parteigründungen am rechten Rand zu teilen und im Dunkel politischer Bedeutungslosigkeit zu verschwinden, als plötzlich im Januar 1989 die Berliner Wähler die Republikaner mit 7,5 Prozent der gültigen Stimmen ins Abgeordnetenhaus entsandten. Ein knappes halbes Jahr später erzielte die nun wieder ins Rampenlicht der deutschen wie der internationalen Öffentlichkeit gerückte Partei ihren zweiten großen, jetzt schon nicht mehr ganz unerwarteten Wahlerfolg, als sie bundesweit bei den Europawahlen einen Stimmenanteil von 7,1 Prozent erreichte (in Bayern kam sie sogar auf knapp 15 Prozent) und mit sechs Abgeordneten ins Straßburger Parlament einziehen konnte.

Plötzlich erschien ein Erfolg bei den Bundestagswahlen nicht mehr als ausgeschlossen, ja als wahrscheinlich. Das Jahr 1990 allerdings, das weltweit von einem Thema dominiert war, dem Zusammenbruch des sowjetischen Imperiums in Osteuropa und der erst dadurch ermöglichten deutschen Wiedervereinigung, brachte jedoch nach dem schnellem Aufstieg einen nicht minder schnellen und tiefen Fall der Partei in der Wählergunst. Ihren Erfolg bei der Europawahl hatte sie erzielt, als der ein halbes Jahr später erfolgende Zusammenbruch der DDR noch unvorstellbar erschien. Bei keiner der 1990 stattfindenden Wahlen gelang es der „Schönhuber-Partei", wie sie von den Medien manchmal nach ihrem Vorsitzenden genannt wurde, die Fünfprozenthürde zu überwinden.

Tab. 1.1: Wahlergebnisse rechtsextremistischer Parteien in der Bundesrepublik Deutschland seit 1984 (gültige Zweitstimmen in Prozent)

Art der Wahl und Jahr	NPD	DVU	REP
Europawahl 1984	0,8	--	--
LTW Bayern 1986	0,5	--	3,0
Bundestagswahl 1987	0,6	--	--
LTW Rheinland-Pfalz 1987	0,8	--	--
BSW Bremen 1987	--	3,4	1,2
LTW Baden-Württem. 1988	2,1	--	1,0
LTW Schleswig-Holst. 1988	1,2	--	0,6
Abgeord.W Berlin 1989	--	--	7,5
KOW Frankfurt/M. 1989	6,6	--	--
Europawahl 1989	--	1,6	7,1
KOW Nordrhein-Westf. 1989	0,1	0,0	2,3
LTW Saarland 1990	0,2	--	3,3
KOW Bayern 1990	0,2	0,0	5,4
KOW Schleswig-Holst. 1990	0,0	0,0	0,9
LTW Nordrhein-Westf. 1990	0,0	--	1,8
LTW Niedersachsen 1990	0,2	--	1,5
LTW Bayern 1990	--	--	4,9
Abgeord.W Berlin 1990	--	--	3,1
LTW Brandenburg 1990	--	--	1,1
LTW M.-Vorpommern 1990	--	--	0,9
LTW Sachsen 1990	0,7	--	--
LTW Sachsen-Anhalt 1990	--	--	0,6
LTW Thüringen	--	--	0,8
Bundestagswahl 1990	0,3	--	2,1 [1)]
LTW Hessen 1991	--	--	1,7
LTW Rheinland-Pfalz 1991	--	--	2,0
BSW Hamburg 1991	--	--	1,2
BSW Bremen 1991	--	6,2	1,5
LTW Baden-Württem. 1992	0,9	0,5	10,9
LTW Schleswig-Holst. 1992	--	6,3	1,2
BSW Hamburg 1993	--	2,8	4,8
LTW Niedersachsen 1994	--	--	3,7

Abkürzungen: LTW= Landtagswahl, BSW= Bürgerschaftswahl, KOW= Kommunalwahl, Abgeord.W = Wahl zum Abgeordnetenhaus.
Erläuterungen: [1)] Westdeutschland 2,3 %, Ostdeutschland 1,3 %

Lediglich bei der Landtagswahl in Bayern, ihrem Stammland, verfehlte sie mit 4,9 Prozent der Stimmen den Sprung in den Landtag nur ganz knapp. In den übrigen Bundesländern, in denen in diesem und im darauffolgenden Jahr Landtagswahlen abgehalten wurden, blieb sie klar unter der Fünfprozentgrenze. Die meisten Wahlanalytiker gingen damals davon aus, daß es sich bei den Wahlerfolgen der Republikaner, ähnlich wie 20 Jahre vorher bei der NPD, um eine Art Eintagsphänomen gehandelt habe, das ebenso schnell vorübergehen werde, wie es aufgetaucht war.

Umso größer waren das Erschrecken und die Verwunderung, als im Herbst 1991, nachdem die Wiedervereinigungseuphorie verflogen war und Katerstimmung über die sozialen und wirtschaftlichen Kosten der Vereinigung sich breit machte, eine andere, von Programm und Auftreten her „rechtere" Partei als die Republikaner, die von dem Münchener Verleger Gerhard Frey finanzierte DVU, mit 6,2 Prozent der Stimmen in die Bremer Bürgerschaft einzog. Daß es sich hier nicht um einen einmaligen Ausrutscher handelte, zeigte sich dann im April 1992, als am gleichen Tag in Schleswig-Holstein die DVU und in Baden-Württemberg die Republikaner in den Landtag gewählt wurden. Mit 10,9 Prozent der Stimmen erzielten dabei die Republikaner in dem selben Bundesland einen beachtlichen Wahlerfolg, in dem ein Vierteljahrhundert zuvor die NPD bereits knapp zehn Prozent der Wähler zu mobilisieren vermocht hatte. Urplötzlich waren die Wahlerfolge der Rechtsparteien und die Konsequenzen, die ein Einzug der Republikaner oder der DVU in den Bundestag für die Regierungsfähigkeit und das internationale Ansehen der Bundesrepublik haben könnten, wieder in aller Munde. Trotz des Wahldebakels von 1990 schien der Schoß noch immer fruchtbar. Eine weitere Bestätigung erfuhren derartige Befürchtungen durch das Ergebnis der Wahl zum Hamburger Abgeordnetenhaus vom 19. September 1993, der vorläufig letzten Landtagswahl vor dem „Superwahljahr 1994"; hier scheiterten die Republikaner mit 4,8 Prozent nur ganz knapp an der Fünfprozentklausel. Gemeinsam mit den Stimmen für die DVU votierten allerdings fast 8 Prozent der Hamburger Wähler für eine Rechtspartei. Die Annahme erscheint plausibel, daß ohne die DVU-Konkurrenz die Republikaner heute im Hamburger Abgeordnetenhaus mit Sitz und Stimme vertreten wären, was eine Regierungsbildung erheblich erschwert hätte.

Die parteipolitische Herkunft der Rechtswähler

Ähnlich wie der Aufstieg der Grünen in den achtziger Jahren mit einem deutlichen Rückgang der SPD-Stimmen einherging, verliefen die Republikaner-Wahlerfolge zunächst Hand in Hand mit den beträchtlichen Stimmenverlusten, welche die beiden Unionsparteien seit 1987 hinnehmen müssen. So erzielten die Republikaner bei den Europawahlen 1989 bundesweit 7,1 Prozent der gültigen Stimmen, während CDU und CSU gegenüber der Europawahl 1984 um 8,2 Prozentpunkte von 46 auf 37,8 Prozent zurückgingen. Besonders augenfällig war bei dieser Wahl der Zusammenhang zwischen Republikanergewinnen und Unionsverlusten in Bayern, wo die Republikaner 14,6 Prozent der Stimmen gewinnen konnten, die CSU hingegen im Vergleich zu 1984 über 11 Prozentpunkte einbüßte. Vor allem in CSU-Hochburgen, aber auch in Wahlkreisen, in denen gegenüber der vorangegangenen Wahl die Wahlbeteiligung überdurchschnittlich stark angestiegen war, verzeichneten die bayerischen Republikaner hohe Stimmengewinne. Aus Umfragen ging hervor, daß bei dieser Wahl vermutlich rund 40 Prozent der Republikanerstimmen von ehemaligen Wählern der Union stammten; etwa 20 Prozent kamen von der SPD und ca. ein Drittel von bisherigen Nichtwählern und erstmals Wahlberechtigten (vgl. Berichte der FGW Nr. 54 v. 22.6.1989, S. 43).

Bei ihrem ersten großen Wahlerfolg des Jahres 1989, der Berliner Abgeordnetenhauswahl, stammten nach eigenem Bekunden sogar fast 60 Prozent der Republikanerwähler von der CDU, 15 Prozent hatten bei der vorhergehenden Abgeordnetenhauswahl für die SPD und nochmals rund 15 Prozent für eine kleinere Rechtspartei, die Demokratische Alternative, gestimmt; der Rest der Berliner Republikanerwähler kam aus dem Nichtwählerlager und von erstmals Wahlberechtigten (vgl. Bericht der FGW Nr. 53 v. 2.2.1989, S. 36).

Abb 1.3: Das Wahlverhalten der Befragten mit Rechtswahlabsicht bei der Bundestagswahl 1990

alte Bundesländer

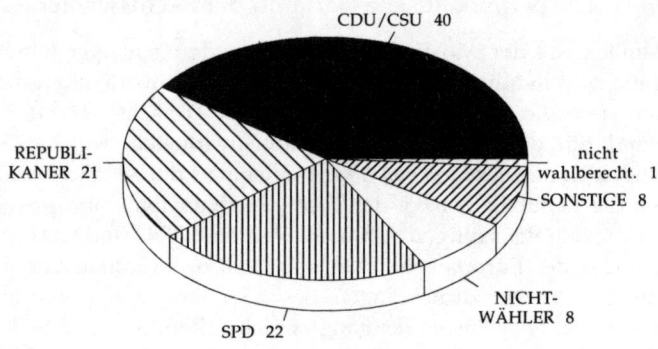

neue Bundesländer

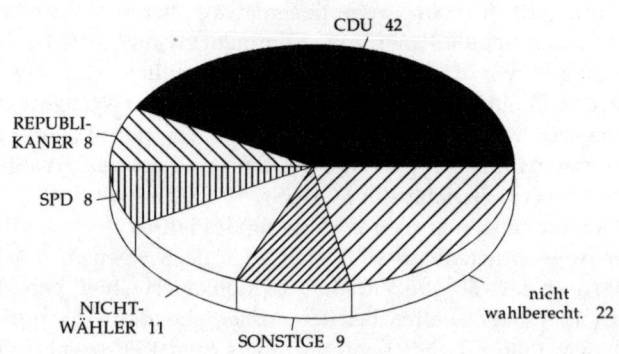

Quelle: Kumulierte Politbarometer 1993 N=396 (West) N=302 (Ost)
Angaben in Prozent der Befragten mit Rechtswahlabsicht

Auch bei der ersten gesamtdeutschen Bundestagswahl im Dezember 1990 waren es, wie die von uns ausgewerteten Wahltagsbefragungen der Forschungsgruppe Wahlen belegen, vor allem ehemalige Unionswähler, die ihre Stimme den Republikanern gaben: Über 40 Prozent der Republikanerwähler hatten in den alten Bundesländern im Jahre 1987 noch für die CDU oder CSU gestimmt, knapp 20 Prozent für die SPD und über ein Viertel für eine andere Partei; rund 15 Prozent der Republikaner waren bei der Vorwahl nicht zur Wahl gegangen.

Es kann kein Zweifel daran bestehen, daß die Unionsparteien besonders stark vom Aufstieg der Republikaner betroffen waren, auch wenn andere Parteien, allen voran die SPD, ebenfalls viele Wähler an die neue Rechtspartei abgeben mußten. Daran hat sich bis heute wenig geändert. Die oben genannten Größenordnungen finden sich auch in den Umfragen der Jahre 1993 und 1994 wieder, obwohl mit zunehmender zeitlicher Entfernung von der Wahl die Erinnerung der Wähler allmählich nachläßt und die Angaben über vergangenes Wahlverhalten immer stärker den augenblicklichen Präferenzen angepaßt werden. Von den Befragten, die im Jahre 1993 für eine der drei Rechtsparteien stimmen wollten, gaben in den alten Bundesländern wiederum rund 40 Prozent an, im Dezember 1990 CDU oder CSU gewählt zu haben; gut 20 Prozent waren nach eigenem Bekunden SPD-Wähler; ein weiteres Fünftel hatte schon damals für die Republikaner gestimmt; die restlichen Befragten, die sich 1993 als DVU-, NPD- oder Republikaner-Wähler zu erkennen gaben, hatten 1990 zu etwa gleichen Teilen entweder für eine der kleineren Parteien gestimmt oder sie waren nicht zur Wahl gegangen bzw. noch nicht wahlberechtigt gewesen (vgl. Abbildung 1.3). In den neuen Bundesländern sieht die Verteilung naturgemäß etwas anders aus, da hier die SPD, aber auch die Republikaner 1990 deutlich schlechter abgeschnitten hatten als im Westen: Zwar gaben auch im Osten im Durchschnitt des Jahres 1993 über 40 Prozent der Rechtswähler an, im Dezember 1990 noch für die CDU gestimmt zu haben; von der SPD, den Republikanern und den übrigen Parteien sowie aus dem Nichtwählerlager stammten jedoch nur jeweils zwischen acht und zehn Prozent der Rechtswählerschaft; dagegen hatten

22 Prozent der Repubikaner- und DVU-Wähler (gegenüber rund 5 Prozent aller Befragten!) bei der Bundestagswahl 1990 noch gar nicht das Wahlalter erreicht. Dies ist ein erster Hinweis auf den überaus großen Erfolg, den die drei Rechtsparteien in den neuen Bundesländern gerade bei sehr jungen Wahlberechtigten haben.

Im Verlaufe des Jahres 1993 ist die Zustimmung zu den drei Rechtsparteien deutlich zurückgegangen, wie Abbildung 1.4 belegt. In den ersten drei Monaten des Jahres 1994 wollten gerade noch drei Prozent der Befragten für die Republikaner, die DVU oder die NPD stimmen. Daß es sich hierbei nicht nur um einen Wandel im Antwortverhalten handelt, belegen die Ergebnisse der niedersächsischen Landtagswahl vom 13. März 1994, wo die Republikaner auf 3,7 Prozent der gültigen Stimmen kamen. Trotz dieser Reduktion auf den harten Kern überzeugter Rechtswähler setzen sich die politischen Rekrutierungsmuster fort. Noch immer sind unter den verbliebenen Rechtswählern mit rund 27 Prozent ehemalige Unionswähler überdurchschnittlich stark vertreten; mit 23 Prozent fast genauso stark ist die Gruppe derjenigen, die bereits bei der Bundestagswahl 1990 für die Republikaner gestimmt hatten. Befragte, die sich damals nicht an der Wahl beteiligt hatten, machen 18 Prozent und im Dezember 1990 noch nicht wahlberechtigte Personen weitere 12 Prozent des Republikanerpotentials von 1994 aus; ebenso hoch ist der Anteil ehemaliger SPD-Wähler. Die Rechtsparteien konnten also nach 1990 sowohl von den beiden großen Parteien – mit einem deutlichen Übergewicht ehemaliger CDU- und CSU-Wähler – als auch aus dem Nichtwählerlager und bei den noch nicht Wahlberechtigten Wähler gewinnen, wobei im Osten speziell die DVU bei Jungwählern erstaunlich erfolgreich zu sein scheint.

Abb 1.4: Die Entwicklung der Wahlabsicht, der Sympathie und der Parteiidentifikation für die Republikaner 1989 bis 1993

alte Bundesländer

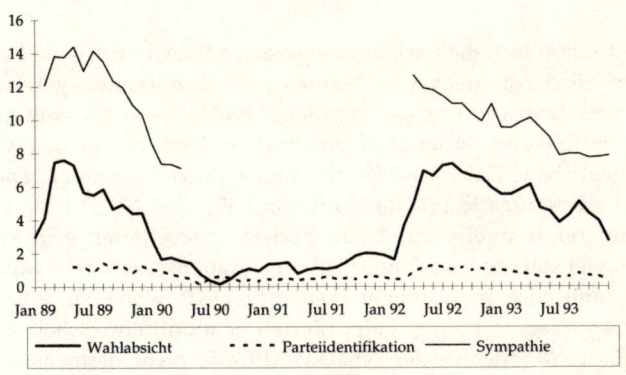

neue Bundesländer

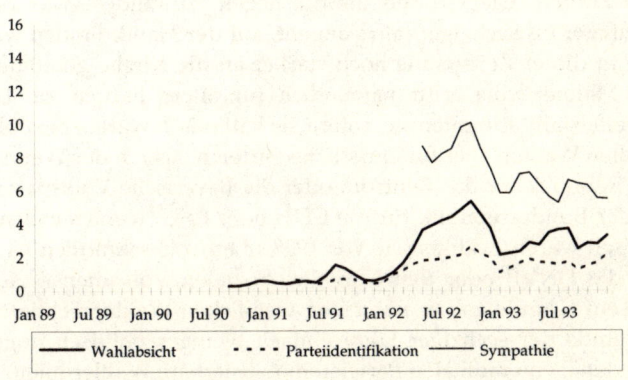

Quelle: Politbarometer 1989 bis 1993 der Forschungsgruppe Wahlen. Eintragungen sind dreigliedrige gleitende Mittel

2. Demographie

Geschlecht

Es ist schon beinahe ein ehernes Gesetz, daß extremistische Parteien zunächst mehr von Männern als von Frauen gewählt werden. Erst wenn sie durch größere Wahlerfolge gewissermaßen hoffähig geworden sind, ziehen diese Parteien eine in etwa ausgeglichene Zahl von Männer- und Frauenstimmen an. Dies trifft schon für die Wählerschaft von KPD und NSDAP in der Weimarer Republik zu. Beide Parteien rekrutierten sich vor 1930 viel stärker aus Männern als aus Frauen. Nach 1930 wählten dann auch immer mehr Frauen NSDAP, wobei sie jedoch entgegen einer häufig kolportierten Stammtischweisheit bis 1933 die Männer in der NSDAP-Affinität nicht nennenswert überflügelten (vgl. Falter, Hitlers Wähler, S. 136ff.). Aber auch die radikalen Randparteien der Bundesrepublik übten auf Männer fast durchweg eine sehr viel größere Attraktion aus als auf Frauen. Die Gründe hierfür liegen, zumindest was die dreißiger bis sechziger Jahre angeht, auf der Hand: Frauen waren in dieser Zeitspanne noch stärker an die Kirche gebunden als Männer; dies trifft namentlich für ältere Frauen zu. Im Zweifelsfalle stimmten sie, sofern sie katholisch waren, bei politischen Wahlen eher für christliche Parteien, also in der Weimarer Republik für das Zentrum oder die Bayerische Volkspartei, in der Bundesrepublik für die CDU oder CSU; wenn sie evangelisch waren, wählten sie vor 1933 überdurchschnittlich häufig die DNVP oder den Christlich-Sozialen Volksdienst. Aus diesem Grunde gab es unter den weiblichen Wahlberechtigten bis Ende der sechziger Jahre einfach weniger politisch ungebundene, von radikalen Parteien mobilisierbare Wählerinnen.

Sehr schnell wurde in der Öffentlichkeit auch die Partei der Republikaner als „Männerpartei" charakterisiert. Und in der Tat stimmten bei der Europawahl 1989 Männer fast doppelt so häufig für sie wie Frauen, nämlich 9,6 gegenüber nur 4,9 Prozent.

Abb. 2.1: Die Wahl von Republikanern und DVU durch Männer und Frauen bei ausgewählten Wahlen von 1989 bis 1993

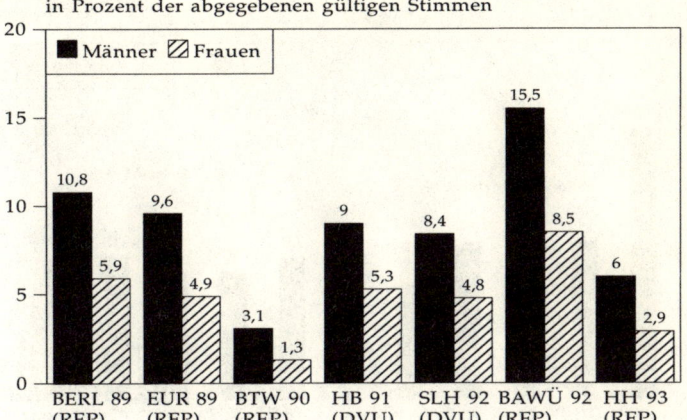

Quelle: Amtliche Repräsentative Wahlstatistik

Dies ist kein – möglicherweise fehlerbehaftetes – Umfrageergebnis, sondern das statistisch höchst genaue Resultat der Repräsentativen Wahlstatistik. Hierunter versteht man die bei jeder Bundestags- und Europawahl im Auftrag des Bundeswahlleiters durchgeführten amtlichen Sonderauszählungen nach dem Geschlecht und dem Alter der Wähler.

Wie Abbildung 2.1 belegt, stimmten auch bei der Bundestagswahl 1990 3,1 Prozent der sich an der Wahl beteiligenden Männer, aber nur 1,3 Prozent der Frauen für die Republikaner. Ähnlich sieht es bei den seither stattgefundenen Landtagswahlen aus, wo stets viel mehr Männer als Frauen die Wahlvorschläge der Republikaner oder der DVU ankreuzten. So wurden die Republikaner im April 1992 in Baden-Württemberg von immerhin 15,5 Prozent der Wähler, aber nur von 8,5 Prozent der Wählerinnen unterstützt. Gleichzeitig stimmten in Schleswig-Holstein 8,4 Prozent der männlichen, aber lediglich 4,8 Prozent der weiblichen Wähler für die DVU.

Abb. 2.2: Die Wahl der Republikaner nach dem Alter und dem Geschlecht der Wähler bei den Abgeordnetenhauswahlen in Berlin und den Europawahlen 1989

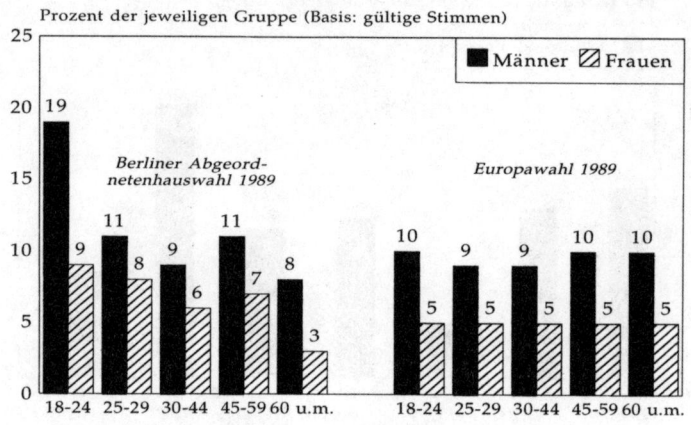

Quellen: Amtliche Repräsentativstatistik der Berliner Abgeordenetenhauswahlen vom 29.1.1989 und der Europawahlen (nur alte Bundesländer) vom 18.6.1989.

Diese unterschiedliche Zustimmung von Männern und Frauen schlägt sich auch in den für diese Untersuchung ausgewerteten Umfragen nieder, wo im Schnitt knapp 7 Prozent der männlichen gegenüber nur rund 3 Prozent der weiblichen Befragten bei der bekannten Wahlsonntagsfrage die Absicht äußerten, für eine der Rechtsparteien stimmen zu wollen. In den neuen Bundesländern ist dabei die Asymmetrie zwischen Männern und Frauen mit sechs gegenüber zwei Prozent Rechtsstimmen sogar noch ausgeprägter als in den alten Bundesländern.

Festzuhalten bleibt, daß auch heute noch deutliche Unterschiede in der Affinität der beiden Geschlechter gegenüber den Rechtsparteien bestehen. Frauen wählen nach wie vor weitaus seltener rechtsextrem als Männer. Von ihren Anhängern her gesehen stellen sowohl die Republikaner als auch die DVU deshalb in der Tat „Männerparteien" dar. So setzte sich die potentielle Wählerschaft der Republikaner 1993 laut den Politbarometern der Forschungsgruppe Wahlen in den alten Bundesländern zu über 70 Prozent und in den neuen Bundesländern sogar zu fast 80 Prozent aus Männern zusammen.

Abb. 2.3: Der Einfluß von Geschlecht und Alter auf die Wahl der DVU bei der Bürgerschaftswahl in Bremen (1991) und der Landtagswahl in Schleswig-Holstein (1992)

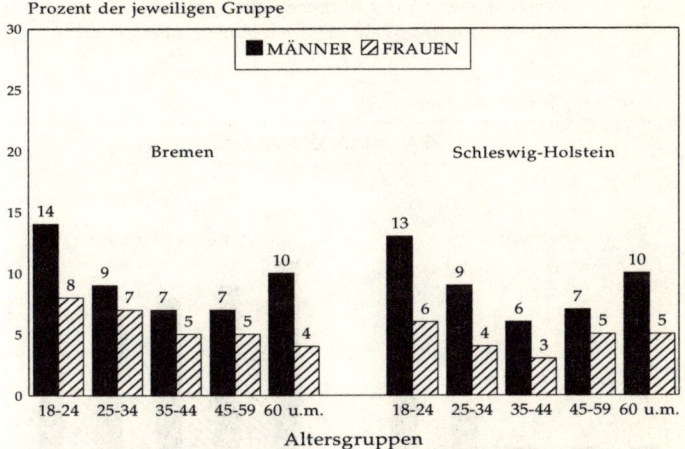

Quellen: Statistische Berichte des Statistischen Landesamtes Schleswig-Holstein, Nr. B VII 2 – 6/92; Dinse, Rechtsextremismus in Bremen, S. 16. Basis: gültige Stimmen (ohne Briefwahl).

Die DVU-Wählerschaft in Bremen bestand zu rund 60 Prozent, die in Schleswig-Holstein zu 62 Prozent aus Männern. Über die NPD-Wähler wissen wir bedauerlicherweise mangels Masse sehr wenig; sie werden in den veröffentlichten Auswertungen der amtlichen Repräsentativstatistik nicht gesondert aufgeführt, und in den Umfragen erhalten sie anteilsmäßig sogar noch weniger Unterstützung als bei Wahlen. Daher lassen sich statistisch zweifelsfreie Aussagen über die Zusammensetzung der NPD kaum machen. Schreibt man jedoch die Resultate der amtlichen Repräsentativstatistik aus den sechziger Jahren fort, als die NPD kurzzeitig in mehreren Landtagen vertreten war, sollten die Unterschiede zu den beiden anderen Rechtsparteien im Hinblick auf den Männer- und Frauenanteil eher gering sein; denn damals setzte sich die NPD-Wählerschaft zu etwa zwei Dritteln aus Männern und nur zu einem Drittel aus Frauen zusammen.

Abb. 2.4: Der Einfluß von Geschlecht und Alter auf die Wahl der Republikaner bei der Bürgerschaftswahl in Hamburg (1993) und der Landtagswahl in Baden-Württemberg (1992)

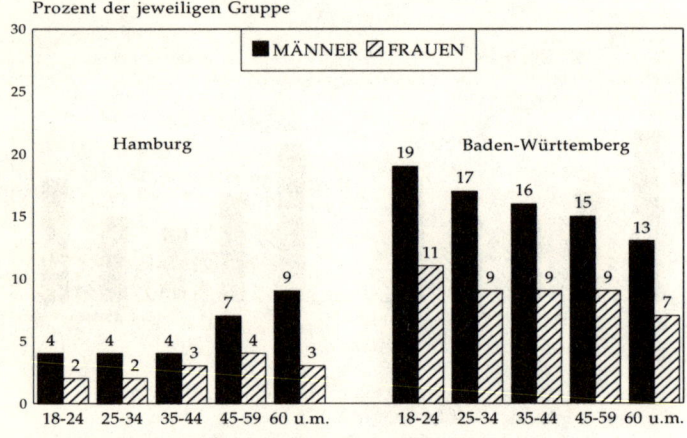

Quellen: Statistisches Landesamt in Hamburg, Analyse der Hamburger Wahlen am 19. September 1993; Statistische Monatshefte Baden-Württemberg, 7/1992. Basis: gültige Stimmen (ohne Briefwahl).

Über die Ursachen dieser unterschiedlichen Affinität von Männern und Frauen gegenüber den Rechtsparteien ist viel spekuliert worden. Zuverlässige Informationen darüber liegen bisher kaum vor. So meinen die einen, ausschlaggebend seien die noch immer vorhandenen stärkeren Bindungen von Frauen an religiöse Normen und christliche Parteien; andere führen die geringere Anfälligkeit von Frauen gegenüber dem Rechtsextremismus eher auf die Wirkung konventionellerer, die Parteien der Mitte begünstigender politischer Leitbilder zurück, die den Frauen nach wie vor durch die Erziehung vermittelt würden; und wieder andere gehen davon aus, daß gerade für jüngere Wählerinnen das traditionalistische, geradezu antiemanzipatorisch anmutende Frauenbild der Rechtsparteien unattraktiv sei.

Recht haben wohl alle ein wenig. In der Tat sind die Frauen in Deutschland auch heute noch, wie eine Untersuchung der Konrad-Adenauer-Stiftung aus dem Frühjahr 1993 belegt, stärker kirchengebunden und deutlich religiöser als Männer. So gehen 21 Prozent der Frauen, aber nur 11 Prozent der Männer jeden Sonntag zur Kirche, beten 15 Prozent der Frauen, aber lediglich 8 Prozent der Männer nach eigenen Angaben täglich; 49 Prozent der männlichen gegenüber nur 34 Prozent der weiblichen Befragten tun dies hingegen nie. Auch bezeichneten sich 1993 fast dreimal soviele Männer wie Frauen, nämlich 3 Prozent, als längerfristige Anhänger der Republikaner. Außerdem stufen sich etwas mehr Männer als Frauen extrem rechts ein (18 vs. 14 Prozent). Und schließlich weisen erkennbar mehr Frauen als Männer eine Tendenz zur politischen Mitte auf, wenn sich 38 Prozent der Wählerinnen, aber nur 31 Prozent der Wähler exakt in der Mitte des politischen Spektrums plazieren. Unabhängig davon tendieren männliche Befragte, die sich selbst als politisch sehr weit rechts einstufen, wesentlich häufiger als ihre weiblichen „rechten" Gegenparts zur Wahl einer rechtsextremen Partei (38 gegenüber 16 Prozent). Dies sind einerseits Indizien für eine höhere Religiosität und stärkere Kirchenbindung von Frauen, andererseits lassen sich diese Informationen auch als Hinweis auf eine – vermutlich erziehungsbedingte – größere Tendenz von Frauen zur politischen Mäßigung interpretieren. Ob das angesprochene antiemanzipatorische Image der Rechtsparteien zusätzlich Wählerinnen zurückstößt, läßt sich aus den von uns ausgewerteten Umfragen nicht erschließen.

Alter

Praktisch in gleichem Atemzug mit der – wie wir gesehen haben zutreffenden – Charakterisierung als „Männerpartei" wurden die Republikaner mit dem Etikett „Jungwählerpartei" belegt. Dies lag vor allem an dem unerwartet großen Zuspruch, den die Partei bei ihrem ersten größeren Wahlerfolg bei der Berliner Abgeordnetenhauswahl vom 29. Januar 1989 von den 18-24jährigen erhielt. Fast 19 Prozent der männlichen Berliner Jungwähler gaben den Republikanern die Stimme; bei den weiblichen Wählern unter 25 erhielten sie immer noch überdurchschnittliche 9,1 Prozent der Stimmen (vgl. Abbildung 2.2). Schon bei den Europawahlen des gleichen Jahres allerdings stimmten die Jungwähler nur noch ganz leicht überproportional für sie. Auch bei der ersten gesamtdeutschen Bundestagswahl im Dezember 1990 konnten die Republikaner in den alten Bundesländern bei den Jungwählern nur geringfügig über dem Durchschnitt liegende Stimmengewinne verzeichnen. In den neuen Bundesländern hingegen errangen sie im Dezember 1990 bei den 18-24jährigen mit rund sieben Prozent einen fast dreimal so hohen Stimmenanteil wie im Schnitt aller männlichen Wähler. Auch die DVU erwies sich bei den Wahlen in Bremen (1991) und Schleswig-Holstein (1992) bei jüngeren Wählern und Wählerinnen als besonders erfolgreich. Allerdings erreichte sie in diesen beiden Bundesländern ihre zweithöchsten Stimmenanteile bei Wählern über 60 (vgl. Abbildung 2.3). Bei den Hamburger Bürgerschaftswahlen schließlich nahm in einer diametralen Umkehrung des bisher dominierenden Trends der Republikaneranteil mit wachsendem Alter deutlich zu (vgl. Abbildung 2.4).

Von einer klaren, eindeutigen Beziehung zwischen dem Alter der Wähler und der Affinität zu den Repulikanern und der DVU bei Wahlen kann folglich nicht die Rede sein. Auch sollte nicht übersehen werden, daß die Wähler über 45 Jahren bei den meisten Wahlen zwischen 1989 und 1993 die Mehrheit der Republikaner- bzw. DVU-Wähler stellten; dies ist durch die Größe dieser Altersgruppe in der Gesamtbevölkerung bedingt (vgl. Abbildung 2.5).

Abb. 2.5: Die altersmäßige Zusammensetzung der Wähler der Republikaner und der DVU bei ausgewählten Wahlen der Jahre 1989 bis 1993

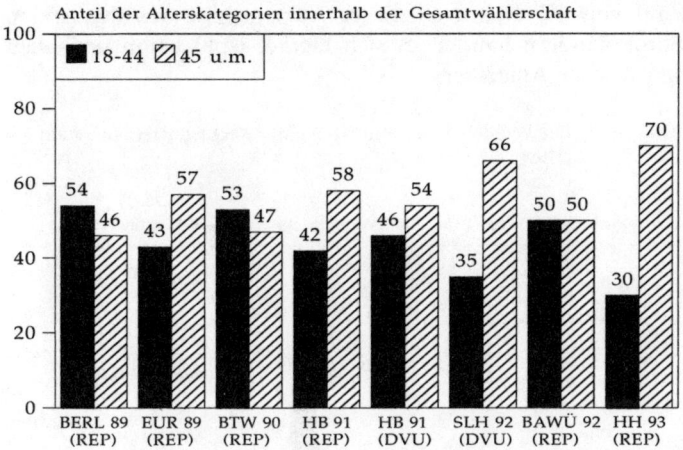

Quelle: Berechnet nach der amtlichen Repräsentativen Wahlstatistik.

Selbst wenn beide Parteien nach wie vor – mit regionalen Abweichungen vom Gesamttrend – bei jungen Wählern etwas erfolgreicher sind als bei älteren Wählern, sind sie im Gegensatz etwa zu den Grünen keineswegs eindeutige „Jungwählerparteien" oder gar „Jungmännerparteien".

Die vorliegenden Umfragen zeigen relativ klare Unterschiede zwischen den alten und neuen Bundesländern. Im Westen weisen die Befragten mit einer Wahlabsicht zugunsten der Rechtsparteien kein eindeutig erkennbares Altersprofil auf. Im Schnitt des Jahres 1993 tendierten die beiden jüngsten Altersgruppen der 18-20jährigen und der 21-24jährigen sogar etwas schwächer als der Durchschnitt aller Wähler zu einer Wahl rechtsextremer Parteien; zwischen den übrigen Altersgruppen lassen sich keine besonderen Ausschläge erkennen. Im Osten hingegen besteht nach wie vor ein klarer Zusammenhang zwischen Rechtswahl und Alter, wie Abbildung 2.6 belegt. Besonders auffällig ist hier die Gruppe der 18-20jährigen, von der immerhin 18 Prozent angaben, bei Bundestagswahlen für die Republikaner, die DVU oder die NPD stimmen zu wollen. Angesichts der relativ hohen Zahl von 457 Befragten dieser Altersgruppe aus den neuen Bundesländern handelt es sich hierbei wohl kaum um einen statistischen Ausreißer.

Abb. 2.6: Die Wahlabsicht zugunsten einer Rechtspartei nach dem Alter

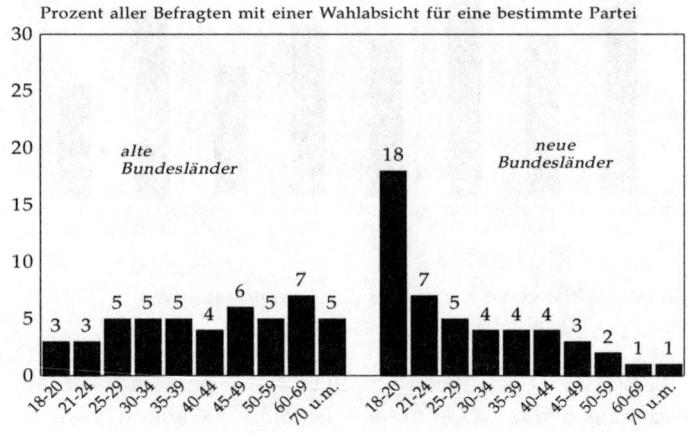

Altersgruppen

Quelle: Kumulierte Politbarometer 1993 der Forschungsgruppe Wahlen (West 8260 Befragte, Ost 8717 Befragte).
Lesehilfe: Im Westen gaben etwa 3 % von 398, im Osten dagegen rund 18 % der Befragten zwischen 18 und 20 Jahren an, daß sie bei den Bundestagswahlen Republikaner, DVU oder NPD wählen wollen.

Wir können festhalten, daß sowohl die Republikaner als auch die DVU in der Mehrzahl der Wahlen zwischen 1989 und 1993 bei Jungwählern überdurchschnittlich erfolgreich waren und daß ältere Wahlberechtigte zumindest innerhalb der Republikanerwählerschaft unterrepräsentiert sind; größenordnungsbedingt stellen sie aber dennoch dort, wie in der Gesamtheit der Wahlberechtigten, die Mehrheit. Jedoch gibt es bedeutsame regionale und zeitliche Ausnahmen (Europawahl 1989; Hamburg 1993). Auch scheint die Überrepräsentation junger Wähler im Zeitverlauf allmählich abzunehmen. Darüber hinaus bildeten bei den meisten Wahlen seit 1989 Wähler über 45 eine Mehrheit innerhalb der Republikaner- bzw. DVU-Anhängerschaft. Während man nach wie vor die Rechtsparteien als „Männerparteien" charakterisieren kann, überzeichnet ihre Etikettierung als „Jungwählerparteien" deshalb zumindest in den alten Bundesländern eine an manchen Stellen zwar erkennbare, aber nicht durchgängig bedeutsame Tendenz. In den neuen Bundesländern hingegen bleiben die Erfolge der rechten Gruppierungen bisher weitestgehend auf die jüngere Generation beschränkt.

Familienstand

Die Aufgliederung der Rechtswähler nach dem Familienstand ist nicht zuletzt deshalb für uns von Interesse, weil er einen möglichen Hinweis auf die soziale Integration bzw. Isolierung des einzelnen gibt. Ob jemand gesellschaftlich isoliert oder integriert ist, stellt ein Kernkonzept der Theorie der Massengesellschaft dar, die auf Emile Durkheim, Hannah Arendt und andere zurückgeht. Personen, die einen Bruch in ihren sozialen Beziehungen aufweisen, neigen nach dieser Theorie eher zu Entfremdungserscheinungen, politischer Orientierungslosigkeit und – dadurch begünstigt – zur Wahl extremistischer Bewegungen. Ledige, Geschiedene und getrennt Lebende sollten daher ebenso eine stärkere Affinität zu den Rechtsparteien aufweisen wie Arbeitslose, Konfessionslose und Personen, die weder einer Gewerkschaft noch einem Verein angehören. Denn ihnen fehlt nach Ansicht der Massentheoretiker gewissermaßen die normative Wegweisung und soziale Abstützung ihrer politischen Entscheidungen, wie sie nach wie vor, wenn auch mit abnehmender Bindekraft, von der Familie, den Kirchen oder den Gewerkschaften angeboten werden.

Tab. 2.1: Der Anteil der Anhänger, Wähler und Sympathisanten rechter Parteien in verschiedenen sozialen Gruppen

	West			Ost		
	Anh	Wähl	Symp	Anh	Wähl	Symp
Geschlecht						
Männer	1	7	9	3	6	8
Frauen	0,5	3	8	1	2	4
Alter						
18-20	1	3	11	9	18	20
21-24	1	3	8	3	7	8
25-29	1	5	7	2	5	8
30-34	0,5	5	7	1	4	7
35-39	1	5	8	2	4	6
40-44	0,5	4	7	1	4	6
45-49	0,5	6	8	1	3	5
50-59	0,5	5	9	0,5	2	4
60-69	0,5	7	11	0,2	1	3
70 >	0,5	5	11	0,5	1	2
Familienstand						
ledig	1	4	7	4	9	11
verheiratet	0,5	5	9	1	3	5
getr./gesch.	2	8	12	2	4	7
verwitwet	1	2	8	0,3	1	2
Ortsgröße						
-5.000	1	6	12	2	4	7
5-10.000	0,5	5	8	1	3	6
10-20.000	0,5	6	9	2	5	8
20-100.000	0,5	4	7	2	4	6
> 100.000	0,5	4	7	1	3	4
Bildung						
niedrig	1	7	13	1	3	6
mittel	1	5	8	3	7	9
hoch	0	2	3	1	1	3
Schüler	0	0	2	5	2	10

Fortsetzung Tabelle 2.1

	West			Ost		
	Anh	Wähl	Symp	Anh	Wähl	Symp
Erwerbsstatus						
berufstätig	1	6	8	1	4	6
arbeitslos	3	8	15	2	5	7
Rente/Pension	1	6	11	0	1	3
Schule/Ausbildg	1	2	6	7	11	16
nicht berufstätig	0	3	10	2	8	10
Beruf						
Arbeiter	1	8	13	2	5	8
Facharbeiter	2	9	15	3	6	9
Meister	2	8	11	1	3	4
Angestellter	1	4	7	1	2	3
lt. Angestellter	1	3	7	1	2	4
einf. Beamte	1	6	6	4	6	6
geh. Beamte	0	3	5	0	0	1
höhere Beamte	0	0	0	0	0	4
Selbständige	1	9	9	1	3	6
Landwirte	2	9	16	0	1	2
Hausfrauen	0	0	8	3	6	12
Einkommen						
bis 1.000 DM	3	10	14	1	1	6
1 bis 2.000 DM	2	6	9	1	3	5
2 bis 3.000 DM	2	6	8	2	2	4
3 bis 4.000 DM	2	8	10	1	5	7
4 bis 5.000 DM	2	4	8	0	3	2
über 5.000 DM	2	4	7	0	0	0
Schicht						
Arbeiterschicht	3	9	12	2	3	6
Mittelschicht	1	5	7	1	3	3
Oberschicht	1	1	2	0	0	0

Quellen: Kumulierte Politbarometer 1993 der Forschungsgruppe Wahlen sowie Frühjahrsumfrage 1993 der Konrad-Adenauer-Stiftung

Diese Personen neigen nach Auffassung der Massentheorie besonders in Zeiten wirtschaftlicher Krisen und tiefgreifender gesellschaftlicher Umbrüche stärker als sozial gut integrierte Personen dazu, sich radikalen Agitatoren anzuschließen, die ihnen mit Hilfe einfacher Weltbilder und klarer Schuldzuweisungen Sicherheit und Eindeutigkeit versprechen.

Wie aus Tabelle 2.1 abzulesen ist, tendieren in Westdeutschland Geschiedene und getrennt Lebende stärker als Verwitwete, Ledige und Verheiratete dazu, mit einer der drei Rechtsparteien zu sympathisieren, für sie zu stimmen oder gar sich mit ihnen zu identifizieren. In Ostdeutschland dagegen finden die Rechtsparteien bei der Gruppe der Ledigen den stärksten Anklang, gefolgt von den getrennt Lebenden. Auch hier sind es die Verwitweten, bei denen sie die geringste Unterstützung finden. Die zugunsten der Massenhypothese sprechenden Indizien sind folglich nicht eindeutig.

Sie werden dies auch nicht, wenn man versucht, das Alter statistisch zu kontrollieren, was sich schon deswegen anbietet, da Lebensalter und Familienstand naturgemäß – wenn auch mit vielen Ausnahmen – zusammenhängen: Ledige sind im allgemeinen jünger, Verwitwete älter, Geschiedene und getrennt Lebende finden sich eher in den mittleren Jahrgängen. Faßt man die Kategorien ledig, getrennt, geschieden und verwitwet zusammen und stellt sie der Gruppe der Verheirateten gegenüber, was theoretisch sinnvoll ist, wenn man soziale Isolation messen möchte, ergibt sich über alle Befragte hinweg, also für West- und Ostdeutsche gemeinsam, in den drei Altersgruppen eine etwas größere Affinität der Unverheirateten zu den Rechtsparteien. Diese ist bei den jüngeren Befragten aus den neuen Bundesländern besonders ausgeprägt. Sechs Prozent der jungen verheirateten, aber 10 Prozent der jungen unverheirateten Ostdeutschen tendieren dazu, rechten Parteien die Stimme zu geben. Wiederum ist in den alten Bundesländern der Zusammenhang weit weniger klar, so daß man davon ausgehen muß, daß bei dieser Kombination zwar das Merkmal „Alter", nicht jedoch das Merkmal „Familienstand" den statistischen Test unbeschadet übersteht. Legt man schließlich die drei Merkmale Geschlecht, Alter und Familienstand übereinander, wie dies in Abbildung 2.7 erfolgt, so zeigt sich zwar, daß sich bei der Kombination Frau, älter (über 60) und verheiratet nur zwei Prozent der Befragten als Rechtswähler bezeichnen, während bei der Kombination Mann, jung (unter 30) und unverheiratet 9 Prozent der Befragten nach rechts tendieren (in den neuen Bundesländern sind es sogar 14 Prozent). Jedoch trägt im Gegensatz zum Geschlecht das Merkmal „Familienstand" auch in diesem Falle nicht durchgängig im Sinne der Massentheorie zur Rechtswahl bei.

Abb. 2.7: Der Effekt der Überlagerung von Geschlecht, Alter und Familienstand auf die Wahl von Rechtsparteien

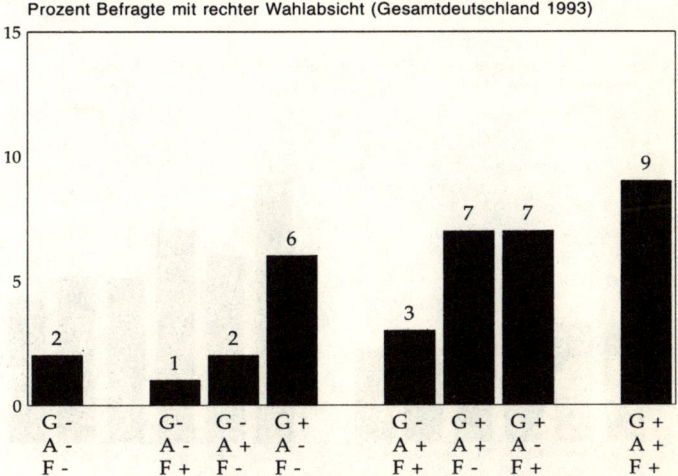

Erläuter.: G: Geschlecht (+) = Mann, Geschlecht (-) = Frau; A: Alter (+) = 18-29 Jahre, Alter (-) = 60 und älter; F: Familienstand (+) = ledig, getrennt, geschieden, verwitwet; Familienstand (-) = verheiratet.

Gemeindegröße

Eine andere Annahme der Massentheorie, hier wird diese tatsächlich wohl eher zur Vermassungsthese, behauptet, daß Großstädter eigentlich stärker als die noch in einem intakteren sozialen Umfeld lebenden Bewohner von Kleinstädten und Dörfern zu politischer Entfremdung und zur Wahl extremistischer Parteien neigen müßten. Gliedert man die Befragten nach der Wohnortgröße auf, ergeben sich jedoch keine eindeutigen Zusammenhänge: Auf ganz Deutschland bezogen tendieren sogar eher die Bewohner kleinerer Gemeinden und kleiner und mittlerer Städte zur Rechtswahl, wie Abbildung 2.8 belegt.

Abb. 2.8: Wahlabsicht und Sympathien für eine Rechtspartei nach der Gemeindegröße

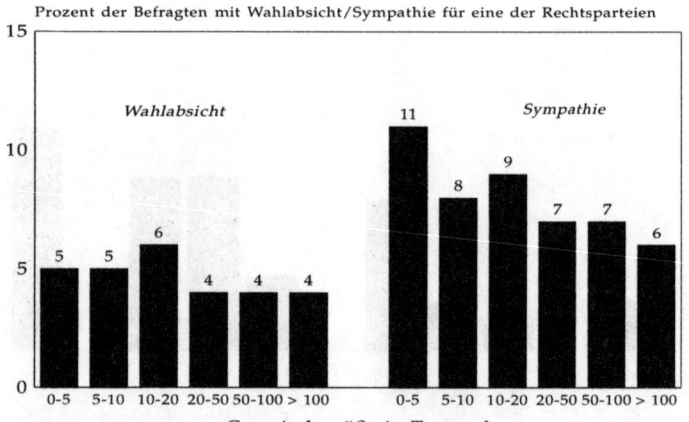

Quelle: Kumulierte Politbarometer 1993 der Forschungsgruppe Wahlen (Befragte: West 10723, Ost 12082).
Lesehilfe: Etwa 4 % der Befragten aus Gemeinden über 100.000 Einwohnern wollten 1993 für eine der Rechtsparteien stimmen, rund 6 % der Großstädter gaben den Republikanern positive Sympathiewerte.

Auch die – hier nicht durch eine Grafik oder Tabelle ausgewiesene – Aufgliederung in Ost und West ändert daran wenig: Sowohl in den alten als auch in den neuen Bundesländern treten zwischen Landbevölkerung, Kleinstadt- und Großstadtbewohnern nur geringe Unterschiede in der Affinität zu den Rechtsparteien auf. Was jedoch die Verteilung der Sympathien für die Partei der Republikaner angeht, erhält diese auf dem Land die prozentual meisten Nennungen; wiederum zeigen sich die Großstädter am reserviertesten. Die anderen beiden Rechtsparteien werden bei den Sympathieskalen der Forschungsgruppe Wahlen bisher nicht berücksichtigt.

Erneut ist das Bild also alles andere als einheitlich, erfährt die Massentheorie auch durch diesen Indikator keine klare Bestätigung; gerade die Bewohner von Großstädten weisen in den von uns ausgewerteten Umfragen die geringsten Sympathien und die prozentual niedrigsten Wahlabsichten zugunsten der rechten Randgruppen auf.

3. Wahlgeographie: Aus welchen sozialen und politischen Kontexten kommen die Wähler der Rechtsparteien?

Blicken wir zum Anfang dieses Kapitels zunächst auf die geographische Verteilung der für NPD und Republikaner bei den Bundestagswahlen 1990 abgegebenen Stimmen. Es sticht das klare Süd-Nord- und ein etwas weniger ausgeprägtes, aber dennoch deutlich erkennbares West-Ost-Gefälle ins Auge. Die meisten Stimmen erzielten diese beiden Parteien – die DVU hatte bei der Bundestagswahl 1990 nicht kandidiert – in Bayern und Baden-Württemberg. In Bayern erzielten die Republikaner exakt fünf Prozent der gültigen Stimmen, und auch in Baden-Württemberg und West-Berlin erreichten sie ein überdurchschnittliches Resultat (vgl. Abbildung 3.1).

Abb. 3.1: Der Stimmenanteil rechtsextremer Parteien in den Bundesländern bei den Bundestagswahlen 1990

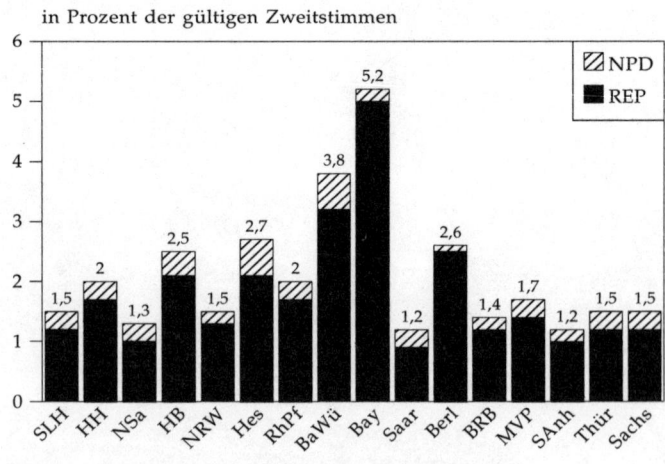

Quelle: Ritter / Niehuss 1991, S. 113-125

Dagegen lagen ihre Ergebnisse in West- und Norddeutschland und den neuen Bundesländern deutlich unter dem Bundesdurchschnitt. Diese regionalen Differenzen dürften ihre Ursachen vor allem in der organisatorischen Entwicklung, den unterschiedlichen politischen Traditionen und den jeweiligen sozialen und wirtschaftlichen Problemlagen der einzelnen Bundesländer haben.

Bereits bei der Europawahl 1989 waren die Republikaner nicht nur in den Flächen-, sondern auch den Stadtstaaten erfolgreich. Innerhalb der Flächenstaaten erzielten sie sowohl in kleineren Gemeinden und Mittelstädten als auch in bestimmten Quartieren der großen Städte überdurchschnittliche Resultate. Diese Beobachtung schlägt sich in der Analyse der Forschungsgruppe Wahlen zur Europawahl in den folgenden Worten nieder: „Sowohl in Bayern als auch im Bundesgebiet außerhalb Bayerns läßt sich kein signifikanter Zusammenhang zwischen dem Grad der Urbanität eines Kreises und dem Abschneiden der Republikaner feststellen." (Berichte der FGW Nr. 54 v. 22. Juni 1989, S. 30). So rangierte beispielsweise bei dieser Wahl Augsburg, immerhin eine Stadt von über 250.000 Einwohnern, nach Rosenheim Stadt und dem weitestgehend noch agrarisch strukturierten Landkreis Mühldorf am Inn mit 19,6 Prozent Republikanerstimmen bereits auf Platz drei der „Republikaner-Bestenliste" aller deutschen Stadt- und Landkreise. Dicht auf folgten die Städte Ingolstadt, Fürth, Landshut und Hof. In der Millionenstadt München lag der Anteil der Republikaner mit 12,1 Prozent der Stimmen zwar unter dem bayerischen Landesdurchschnitt von 14,6 Prozent; in einzelnen Stadtquartieren jedoch wie dem Hasenbergl, Obergiesing, Neuaubing oder Neuperlach reichten die Republikaneranteile durchaus an das Rosenheimer Niveau heran. Es handelt sich hierbei, wie auch bei den Republikanerhochburgen anderer Städte, um Viertel mit sehr niedriger Wohnqualität; sie zeichnen sich durch eine hohe Bevölkerungsdichte, einen überdurchschnittlichen Arbeiteranteil und einen hohen Prozentsatz von Ausländern aus. Auch bei späteren Wahlen erzielten die Rechtsparteien in ganz unterschiedlichen sozialen Kontexten mit erheblich voneinander abweichenden Lebensbedingungen – hie Land, hie Stadt –

und dementsprechend differierenden sozialen Beziehungsmustern beachtliche Wahlerfolge. Hierzu zählen etwa die Landtagswahl 1990 in Bayern, die Bremer Bürgerschaftswahl von 1991 und die Landtagswahlen von 1992 in Baden-Württemberg und Schleswig-Holstein.

Ein Blick auf die sozialgeographischen Bedingungen der Republikaner- und DVU-Stimmenanteile soll uns einen näheren Eindruck davon geben, in welchen sozialen Kontexten diese beiden Parteien überdurchschnittlich erfolgreich waren und wo sie es besonders schwer hatten. Wir wollen uns dabei zunächst auf die beiden Flächenstaaten Schleswig-Holstein und Baden-Württemberg, danach auf die drei Stadtstaaten Berlin, Bremen und Hamburg konzentrieren.

Die Landtagswahlen vom 5. 4. 1992 in Schleswig-Holstein und Baden-Württemberg

Die Abbildungen 3.2 und 3.3 geben die Ergebnisse einer sogenannten Korrelationsanalyse wieder. Hiermit mißt man den statistischen Zusammenhang zwischen verschiedenen Merkmalen, im vorliegenden Falle bestimmten Eigenschaften der Gemeinden und, bei den Stadtstaaten, der Stimmbezirke. Solche Eigenschaften können einerseits soziale Charakteristika wie der Anteil der katholischen oder evangelischen Bevölkerung, der Prozentsatz der in einer Gemeinde lebenden Ausländer oder die Zahl der Hauptschulabsolventen sein; andererseits kann es sich um politische Merkmale wie die Wahlbeteiligung oder den Stimmenanteil der verschiedenen Parteien handeln. Diese Merkmale lassen sich mit Hilfe der sogenannten Korrelationsanalyse daraufhin untersuchen, ob sie in einer systematischen statistischen Beziehung zueinander stehen oder unabhängig voneinander sind. Auf diese Weise läßt sich feststellen, in welchen Gebietstypen die Rechtsparteien über- oder unterdurchschnittliche Wahlerfolge erzielen konnten. Je stärker der Zusammenhang zwischen zwei Merkmalen, etwa dem Anteil der Rechtsstimmen und dem Prozentsatz der Sozialhilfeempfänger, desto höher der Korrelationskoeffizient. Dieser kann zwischen den Extremwerten +1 und -1 liegen; eine Korrelation von 0 bedeutet, daß zwischen den beiden analysierten Merkmalen keine systematische Beziehung besteht. Je näher der Korrelationskoeffizient bei +1 oder -1 liegt, desto enger ist der Zusammenhang, wobei ein positiver Koeffizient bedeutet, daß die beiden betrachteten Merkmale auf Gemeinde- oder Stimmbezirksebene auch positiv miteinander zusammenhängen, daß also beispielsweise der Anteil der Republikaner in Berlin mit dem Anteil der Hauptschüler steigt oder, anders ausgedrückt, daß bei der Abgeordnetenhauswahl 1989 die Republikaner im Schnitt umso besser abgeschnitten haben, je höher der Anteil der Personen mit Hauptschulabschluß in den Stimmbezirken war.

Abb. 3.2: Der Zusammenhang zwischen den Wahlergebnissen der Rechtsparteien in Schleswig-Holstein und Strukturmerkmalen der Gemeinden

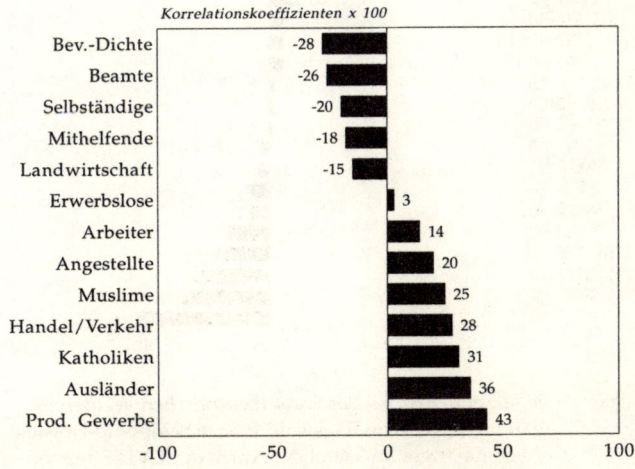

Lesehilfe: Je größer in den Gemeinden Schleswig-Holsteins der Anteil der Beschäftigten im Produzierenden Gewerbe, desto höher ist im Schnitt der Anteil der Rechtsparteien bei der Landtagswahl 1992; je höher die Bevölkerungsdichte, desto niedriger im Schnitt der Anteil der Rechtsparteien.

Umgekehrt weist ein negativer Korrelationskoeffizient darauf hin, daß zwischen den beiden Merkmalen eine gegenläufige statistische Beziehung besteht. Dies gilt beispielsweise in Berlin für den Zusammenhang zwischen dem Prozentsatz der in einem Stimmbezirk lebenden Personen mit Abitur und dem Anteil der Republikanerstimmen. Es gilt dann die Beziehung: Je höher der Abiturientenanteil in einem Stimmbezirk, desto niedriger im Schnitt der Prozentsatz der für die Republikaner abgegebenen Stimmen.

Abb. 3.3: Der Zusammenhang zwischen den Wahlergebnissen der DVU in Schleswig-Holstein 1992 und den Ergebnissen der übrigen Parteien

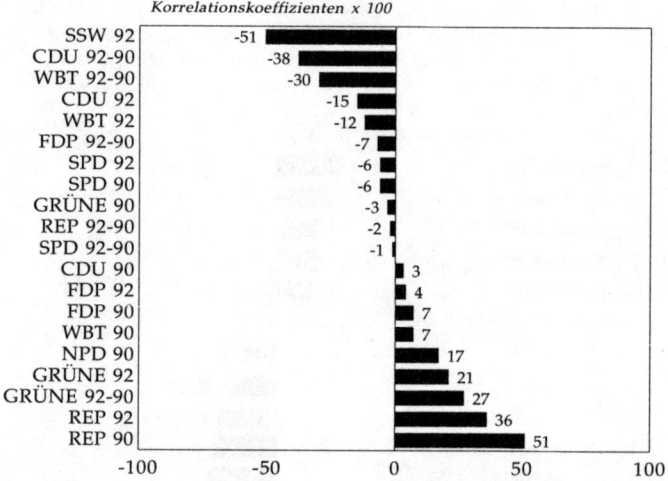

Lesehilfe: Je höher der Anteil des Südschleswigschen Wählerverbandes bei der Landtagswahl 1992 in Schleswig-Holstein, desto niedriger im Mittel der Anteil der DVU-Stimmen in den Gemeinden; je höher der Anteil der Republikaner bei der Bundestagswahl 1990, desto höher ist auch der DVU-Stimmenanteil.

In den Abbildungen 3.2 und 3.3 symbolisieren die horizontalen Balken Richtung und Stärke des statistischen Zusammenhangs zwischen den am linken Rande angegebenen Merkmalen und dem Anteil der auf die Republikaner oder die DVU entfallenden Stimmen. Prozentuierungsbasis ist im Falle der diversen Sozialmerkmale entweder die Wohnbevölkerung oder die Zahl der Wahlberechtigten der untersuchten Gemeinden bzw. Stimmbezirke; im Falle der Parteianteile wurde, wie in wahlgeographischen Untersuchungen üblich, auf die Zahl der Wahlberechtigten der Gemeinden oder Stimmbezirke prozentuiert.

Abb. 3.4: Der Zusammenhang zwischen den Wahlergebnissen der Rechtsparteien in Baden-Württemberg 1992 und Strukturmerkmalen der Gemeinden

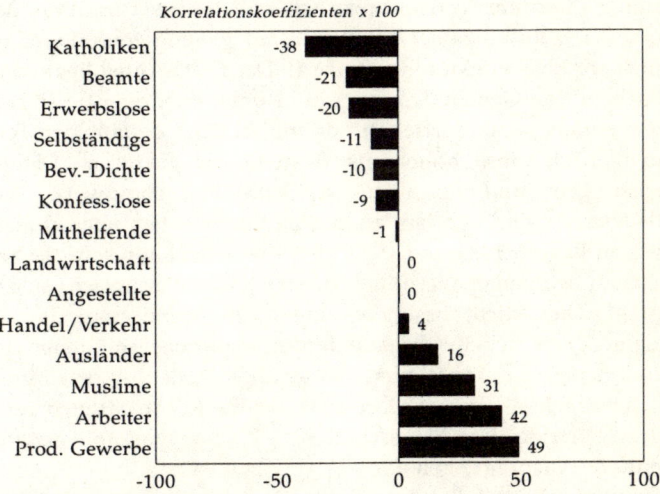

Lesehilfe: Je höher der Arbeiteranteil in einer Gemeinde, desto höher im Schnitt der Stimmenanteil der Rechtsparteien; je höher der Katholikenanteil, desto geringer im Schnitt der Wahlberechtigten).

Abbildung 3.2 zeigt uns, daß bei der Landtagswahl am 5. April 1992 in Schleswig-Holstein die Rechtsparteien im Schnitt vor allem in Gemeinden überdurchschnittlich erfolgreich waren, in denen der Anteil der Beschäftigten im sekundären Wirtschaftssektor, d.h. in Industrie und Handwerk, über dem Durchschnitt lag, wo vergleichweise viele Ausländer lebten und wo der Anteil von Muslimen, Katholiken, Arbeitern und Angestellten sowie von Beschäftigten in den Wirtschaftszweigen Handel und Verkehr vergleichsweise hoch war. Tendenziell unter dem Landesdurchschnitt liegende Ergebnisse erzielten die Rechtsparteien in Gemeinden mit vergleichsweise vielen Selbständigen und mithelfenden Familienangehörigen, einem hohen Prozentsatz von Beamten, Richtern und Soldaten sowie vergleichsweise vielen Beschäftigten im primären Wirtschaftssektor, also der Landwirtschaft. Diese Ergebnisse werden durch die Resultate weiterführender Faktorenanalysen bestätigt (hierunter versteht man ein statistisches Verfahren, das eine Vielzahl einzelner Merkmale auf wenige zentrale, allgemeinere Einflußfaktoren reduziert): Der DVU-Anteil liegt demnach in den Gemeinden im Schnitt umso niedriger, je stärker der Faktor „Landwirtschaft" dominiert, und er fällt der Tendenz nach umso höher aus, je mehr die Faktoren „Dienstleistungen" und vor allem „Industrie und Handwerk" von Bedeutung sind. Anders als in den Stadtstaaten, aber ähnlich wie in Bayern 1989 und 1990, sind die berichteten statistischen Zusammenhänge allerdings zumeist relativ schwach ausgeprägt. Dies sticht besonders ins Auge, wenn man die sozialgeographischen Korrelate der Rechtsparteien mit denen der Unionsparteien kontrastiert. So gesehen stellen – sozialräumlich betrachtet – in den Flächenstaaten die Rechtsparteien geradezu Parteien ohne Eigenschaften, d. h. ohne markante geographische Ausprägungen dar.

Etwas stärker fallen im Schnitt die Korrelationskoeffizienten aus, mit denen wir den Zusammenhang zwischen den Wahlergebnissen der DVU und der Stärke und Stimmenentwicklung der übrigen Parteien messen wollen (vgl. Abbildung 3.3). Der DVU-Stimmenanteil lag bei der Landtagswahl 1992 in Schleswig-Holstein im Schnitt umso höher, je erfolgreicher die Republikaner bei der Bundestagswahl 1990 gewesen waren, je mehr Stimmen die Grünen und die NPD bei dieser Wahl erzielt hatten und je größer der Stimmenanstieg der Grünen zwischen 1990 und 1992 ausgefallen war. Ein schwacher positiver Zusammenhang besteht schließlich auch noch zwischen den DVU-Erfolgen und der Höhe der Wahlbeteiligung 1990. Dagegen erreichte die DVU im Mittel umso geringere Stimmanteile, je besser der Südschleswigsche Wählerverband und die CDU 1992 abschnitten und je stärker die Wahlbeteiligung und die CDU-Stimmenanteile gegenüber der Bundestagswahl 1990 zurückgingen. So gut wie keine systematischen statistischen Beziehungen lassen sich schließlich zwischen der Höhe der DVU-Stimmenanteile und dem gegenüber der Bundestagswahl 1990 beträchtlichen SPD-Zuwachs feststellen.

Etwas andere Ergebnisse liefert der Vergleich mit der Landtagswahl 1988. Wir verlassen hierfür die Gemeindeebene und analysieren nun die 45 schleswig-holsteinischen Landtagswahlkreise. Auch wollen wir die Untersuchungsperspektive insofern wechseln, als wir jetzt auf das Abschneiden der DVU in den Hochburgen der übrigen Parteien blicken. Diese Betrachtungsweise ist für den statistischen Laien vermutlich plausibler als die Korrelationsanalyse. In den SPD-Hochburgen, es handelt sich um primär städtisch strukturierte Gebiete mit hoher Bevölkerungsdichte und einem überdurchschnittlichen Anteil an Beamten und Angestellten, gewann die DVU immerhin 7,9 Prozent der gültigen Zweitstimmen; bezogen auf die Hochburgen der etablierten Parteien erreichte sie hier ihre überhaupt höchsten Stimmenanteile. In den CDU-Hochburgen, das sind primär ländlich geprägte, dünn besiedelte Wahlkreise mit einem hohen Anteil bäuerlicher Familienbetriebe, erzielte sie mit 7,2 Prozent ein – gemessen am Landesdurchschnitt – ebenfalls recht gutes Resultat. In den FDP- und den Grünen-Hochburgen dagegen lagen die DVU-Erfolge mit 6,7 bzw. 6,1 Prozent relativ nahe am Landesdurchschnitt von 6,3 Prozent. In ihrer Analyse der schleswig-holsteinischen Landtagswahl vom 5. April 1992 kommentiert die Forschungsgruppe Wahlen diese Zusammenhänge wie folgt: „Während (im Vergleich zu den Landtagswahlen von 1988, J.W.F.) die beiden großen Parteien in ihren jeweiligen Hochburgen überdurchschnittliche Verluste zu verzeichnen haben, kommt gerade hier die DVU auf besonders gute Ergebnisse – auch dies ist ein Indikator dafür, daß die Rechtsradikalen von beiden großen Parteien profitieren konnten."

(Berichte der FGW Nr. 68 v. April 1992, S. 34). Dieser Interpretation ist allerdings hinzuzufügen, daß die Verluste der SPD in ihren Hochburgen mit 12,7 Prozentpunkten um ein Vielfaches höher lagen als die Verluste von gerade einmal 0,8 Prozentpunkten, welche dem Bericht der Forschungsgruppe Wahlen zufolge die CDU in ihren Hochburgen hinnehmen mußte. Daß sich auf der Ebene der 460 Gemeinden im Vergleich zur Bundestagswahl 1990 etwas andere Zusammenhänge ergeben, belegt die Korrelationsanalyse.

Abb. 3.5: Der Zusammenhang zwischen den Wahlergebnissen der Republikaner in Baden-Württemberg 1992 und den Ergebnissen der übrigen Parteien

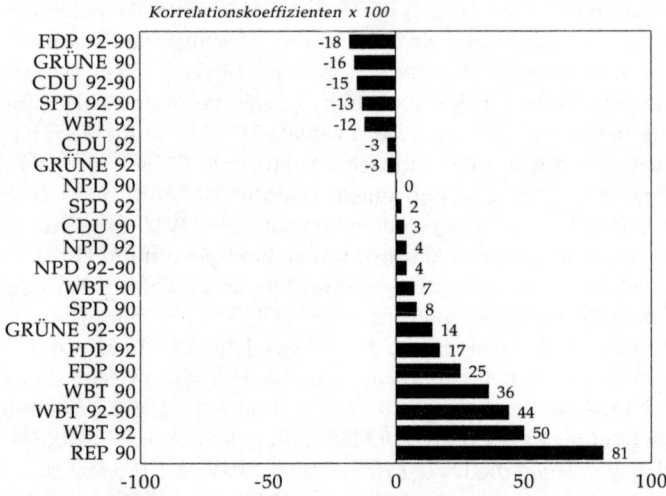

Lesehilfe: Je höher der Anteil der Nichtwähler 1992, desto niedriger der Stimmenanteil der Republikaner; je höher der Stimmenanteil der Republikaner bei der Bundestagswahl 1990, desto höher auch der Republikaneranteil bei der Landtagswahl 1992 (Gemeindeebene Baden-Württemberg).

Ähnlich wie in Schleswig-Holstein fallen die Korrelationsbeziehungen auch in Baden-Württemberg aus, wo ja gleichfalls am 5. April 1992 Landtagswahlen stattfanden. Bei diesen Wahlen gelang es den Republikanern, mit einem Rekordergebnis von 10,9 Prozent der gültigen Stimmen in den Stuttgarter Landtag einzuziehen, wo sie nach CDU und SPD die drittstärkste Fraktion bilden konnten. Abbildung 3.4 belegt, daß sich die sozialgeographischen Korrelate der Stimmenanteile der Rechtsparteien im Südweststaat nur geringfügig von denen des nördlichsten deutschen Bundeslandes unterscheiden. Wiederum schneiden die Rechtsparteien, allen voran die Republikaner, in Gemeinden tendenziell am besten ab, die einen hohen Anteil von Beschäftigten im Produktionssektor aufweisen und in denen vergleichsweise viele Ausländer und Mohammedaner leben. Stärker noch als in Schleswig-Holstein steigt der Anteil der Rechtsstimmen im Schnitt mit dem Prozentsatz der Arbeiter in einer Gemeinde; ferner wächst er tendenziell mit der Anzahl der auf eine Wohnung entfallenden Personen und mit dem Prozentsatz der am Ort lebenden Wahlberechtigten evangelischen Bekenntnisses. Vergleichsweise schwer hatten es die Rechtsparteien dagegen in Baden-Württemberg in Gemeinden mit hoher Arbeitslosenquote, vielen Beamten, einem überdurchschnittlichen Katholikenanteil und einem hohen Prozentsatz von Selbständigen. Die Resultate einer auch hier durchgeführten Faktorenanalyse vertiefen diese Zusammenhänge: Der Republikaneranteil wächst im Schnitt mit dem Grad der Industrialisierung einer Gemeinde, dagegen sinkt er tendenziell mit zunehmender Ausprägung des Agrarfaktors. Allerdings ist auch hier, vor allem im Vergleich zur CDU, das sozialräumliche Profil der Rechtsparteien relativ unausgeprägt, was daraus resultiert, daß die rechten Parteien in Baden-Württemberg trotz der aufgezeigten statistischen Zusammenhänge in so gut wie allen sozialen Kontexten Wahlerfolge erzielen konnten.

Analog gilt dies auch, wie schon für die DVU in Schleswig-Holstein, für den Zusammenhang zwischen Republikaneranteil und dem Abschneiden der übrigen Parteien. In Abbildung 3.5 sind wiederum die Korrelationsbeziehungen zwischen dem Anteil der Republikaner an den Wahlberechtigten der 1111 baden-württembergischen Gemeinden und den Stimmanteilen der übrigen Parteien bei der Bundestagswahl 1990 wiedergegeben. Je höher die Wahlbeteiligung in den Jahren 1990 und 1992 in einer Gemeinde war, je größere Wahlerfolge die Republikaner schon bei der Bundestagswahl 1990 erzielen konnten und je besser die FDP in beiden Jahren abschnitt, desto größere Wahlerfolge verzeichneten die Republikaner im Schnitt bei den Landtagswahlen 1992. Je mehr Stimmen CDU, SPD und FDP gegenüber der Bundestagswahl verloren, desto besser schnitten die Republikaner im allgemeinen im Jahre 1992 ab. Dagegen bestehen so gut wie keine systematischen Zusammenhänge zwischen der Stärke von CDU, SPD, NPD und Grünen bei den Landtagswahlen 1992 auf der einen und den Wahlerfolgen der Republikaner auf der anderen Seite.

Den Vergleich zur Landtagswahl 1988 wollen wir durch einen Blick auf das Abschneiden der Republikaner in den Hochburgen der etablierten Parteien ziehen, wobei wir, analog zu Schleswig-Holstein, wiederum einen Wechsel der Untersuchungsebene und der Perspektive vornehmen. Vor allem in den SPD-Hochburgen, hierbei handelt es sich um Wahlkreise mit eher großstädtischer Prägung, vergleichsweise wenigen Katholiken und überdurchschnittlich vielen Beschäftigten in Industrie und Handwerk, konnten die Republikaner mit 11,2 Prozentpunkten gegenüber der Landtagswahl 1988 erhebliche Zugewinne einfahren.

Noch etwas höher lagen die Wahlergebnisse der Republikaner in den FDP-Hochburgen, die größtenteils im Raum Stuttgart liegen und vornehmlich klein- und mittelstädtisch geprägt sind; hier lag ihr Zugewinn sogar bei 11,6 Prozent. In den Universitätsstädten hingegen, den mittlerweile schon klassischen Hochburgen der Grünen, und in den katholisch-agrarisch strukturierten Hochburgen der CDU lagen ihre Stimmengewinne im Vergleich zur vorhergehenden Landtagswahl mit 9,0 bzw. 8,4 Prozentpunkten klar unter dem Landesdurchschnitt. Die Forschungsgruppe Wahlen faßte diese gewissermaßen flächendeckende Präsenz der Republikaner in ihrer Kommentierung der Baden-Württemberg-Wahl denn auch wie folgt zusammen: „In allen Hochburgen der etablierten Parteien können die Republikaner außerordentliche Gewinne verbuchen." (Berichte der FGW Nr. 67 v. 9. April 1992, S. 34).

Trotz einiger Differenzen zeigt der Vergleich zwischen Baden-Württemberg und Schleswig-Holstein und damit schwerpunktmäßig zwischen der Wählerschaft der DVU und der Republikaner erhebliche Parallelen. Für beide Länder gilt: Je höher in einer Gemeinde der Prozentsatz der Beschäftigten in Industrie und Handwerk und je mehr Ausländer und Angehörige der islamischen Religion, desto größere Wahlerfolge ergaben sich im Schnitt für rechte Parteien. Je mehr Beamte, je größer die Wohnungen, desto geringer fiel im Mittel der Anteil der Rechtsstimmen aus. Klar erkennbare Differenzen bestehen vor allem hinsichtlich der Konfession, wobei allerdings zu berücksichtigen ist, daß der Katholikenanteil in Schleswig-Holstein relativ niedrig liegt, daß also die schleswig-holsteinischen Katholiken in einer diasporaähnlichen Situation leben. Der katholische Bevölkerungsteil Schleswig-Holsteins rekrutiert sich vor allem aus Flüchtlingen und Heimatvertriebenen bzw. deren Nachkommen. In Baden-Württemberg handelt es sich hingegen teilweise noch um relativ homogene konfessionelle Siedlungsgebiete, die auf dem Lande bis in die Gegenwart ihren Milieucharakter wenigstens tendenziell bewahren konnten. Die Existenz eines funktionierenden katholischen Milieus aber hat sich in der deutschen Geschichte bisher stets als extremismushemmend erwiesen.

Will man für die Flächenstaaten ein vorläufiges Fazit ziehen, so gilt es festzuhalten, daß ein industrieller Kontext, geringerer Wohlstand (den wir durch die verfügbare Wohnfläche je Person gemessen haben) und tendenziell höhere soziale Spannungen, die aus einem hohen Ausländer- und Islamitenanteil resultieren können (nicht: müssen!), die Wahl rechtsextremer Parteien zu begünstigen scheinen. Die sozialgeographische Analyse deutet darauf hin, daß es sich nicht in erster Linie um Bauernprotest handelt, sondern um ein politisches Phänomen, das sehr viel stärker als mit der Opposition gegen die Brüsseler Landwirtschaftspolitik mit bestimmten Erscheinungsformen und Entwicklungstendenzen der modernen Industriegesellschaft verbunden ist, die selbstverständlich auch, aber eben nicht primär den Agrarsektor betreffen. In den Stadtstaaten, denen wir uns im folgenden zuwenden wollen, aber auch in

Großstädten wie München, Frankfurt oder Stuttgart, zeigt sich, wie wir sehen werden, dieser Trend sehr viel deutlicher als in den Flächenstaaten.

Berlin, Bremen, Hamburg

Bei der Berliner Abgeordnetenhauswahl am 29. Januar 1989 gelang es den Republikanern völlig überraschend erstmals in ein Landesparlament einzuziehen. Sie erreichten dabei im Landesdurchschnitt 7,5 Prozent der gültigen Stimmen. Die besten Wahlergebnisse erzielten sie in den Bezirken Wedding und Neukölln mit 9,9 bzw. 9,6 Prozent, die schlechtesten in Zehlendorf und Wilmersdorf mit 4,3 bzw. 5,5 Prozent. Auch im Bezirk Charlottenburg blieben sie mit 5,9 Prozent noch deutlich unter ihrem Berliner Gesamtresultat. Der im Norden der alten Stadtmitte gelegene Wedding ist, wie auch das südlich an das alte Zentrum angrenzende Neukölln, ein klassischer Arbeiterbezirk mit hoher Wohndichte, relativ kleinen, nur teilweise sanierten Altbauwohnungen und einigen nach dem Kriege entstandenen Großsiedlungen. Dagegen umfassen die Bezirke Zehlendorf und Wilmersdorf die südwestlichen, in ihrer Struktur weitgehend intakt gebliebenen noblen Villenvororte, während große Teile Charlottenburgs noch immer aus großbürgerlichen Mietshäusern mit hohem Wohnwert bestehen. Ganz ähnlich sehen die Hoch- und Tiefburgen von DVU und Republikanern in Bremen und Hamburg aus: überdurchschnittliche Wahlerfolge konnten beide Parteien vor allem in den dichtbesiedelten, sozial schwachen traditionellen Arbeiterquartieren erzielen, während sie in den „vornehmeren Stadtteilen" sehr viel schlechter abschnitten.

Diese Stimmverteilung nach Stadtbezirken nimmt die Resultate der Korrelationsanalyse auf Stimmbezirks- oder Ortsteilebene gleichsam holzschnittartig vereinfacht vorweg. Abbildung 3.6 belegt, daß bei der Berliner Abgeordnetenhauswahl von 1989 der Anteil der Republikaner im Schnitt umso höher ausfiel, je mehr Arbeiter, Mieter (insbesondere von Sozialwohnungen) und Personen mit Hauptschulabschluß in den Stimmbezirken lebten. Dagegen lagen die Wahlergebnisse der Republikaner prozentual umso niedriger, je mehr Bewohner die Hochschulreife besaßen, eine abgeschlossene Berufsausbildung aufwiesen, vom eigenen Vermögen lebten (die sog. Rentiers), je mehr Angestellte und Beamte im Stimmbezirk lebten und je höher das durchschnittliche Mietniveau war.

Abb. 3.6: Der Zusammenhang zwischen dem Republikaneranteil bei der Berliner Abgeordnetenhauswahl von 1989 und Strukturmerkmalen der Stimmbezirke

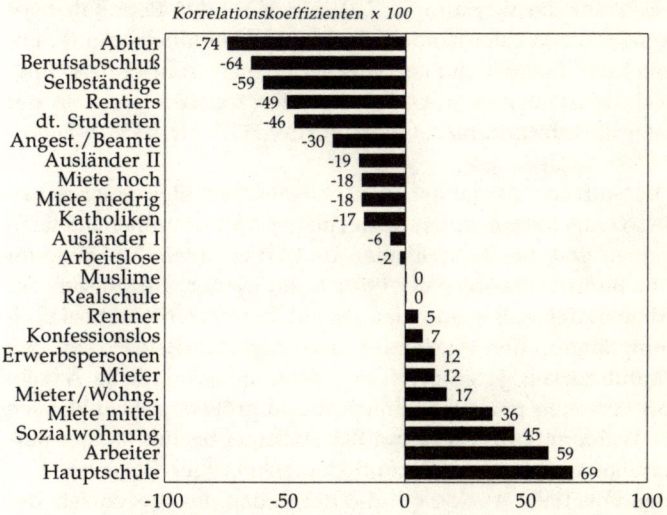

Anm.: Anteil der jeweiligen Gruppe an der Bevölkerung.
Ausländer I: alle Ausländer, Ausländer II: nicht-islamische Ausländer.
Lesehilfe: Je höher der Anteil der Bewohner mit Hauptschulabschluß, desto höher im Schnitt der Republikaneranteil; je höher der Anteil der Abiturabschlüsse, desto niedriger im Schnitt der Republikaneranteil.

Interessant ist in diesem Zusammenhang, daß die Republikaner in Berlin sowohl in Stimmbezirken mit überdurchschnittlichem als auch in Stimmbezirken mit unterdurchschnittlichem

Mietniveau nicht ihr landesweit erzieltes Resultat erreichen konnten. Auch ließ sich keine systematische statistische Beziehung zwischen den Republikanerstimmen und dem Prozentsatz von Ausländern insgesamt sowie dem Anteil von Personen muslimischen Glaubens nachweisen. Dieser von vielen Beobachtern aufgrund des ausländerfeindlichen Wahlkampfes der Republikaner erwartete, aber weder auf Wahlkreis- noch auf Stimmbezirksebene auftretende Zusammenhang veranlaßte die Forschungsgruppe Wahlen in ihrer Kommentierung der Berliner Wahl zu der nachfolgenden Interpretation: „Dieses Datum spricht für die Vermutung, daß es sich bei den Republikanern weniger um Wähler handelt, die in ihrem unmittelbaren Wohnumfeld mit einem hohen Ausländeranteil konfrontiert sind, sondern vielmehr um solche, die ihren sozialen Status in der Zukunft bedroht fühlen." (Berichte der FGW Nr. 53 v. 2. Februar 1989, S. 25).

Bis auf den Ausländer- und Arbeitslosenanteil entsprechen die sozialgeographischen Korrelate der DVU-Stimmenanteile in Bremen und der Republikaner- und DVU-Anteile in Hamburg dem Berliner Muster von 1989: Je höher der Prozentsatz der Arbeiter, der Volks- und Hauptschulabsolventen und Sozialhilfeempfänger, der Ausländer und der Arbeitslosen in den Stimmbezirken, je größer ferner die durchschnittliche Anzahl von Personen pro Wohneinheit, desto größer im Schnitt auch der Wahlerfolg für DVU und Republikaner bei der Bremer Bürgerschaftswahl von 1991 und der Hamburger Bürgerschaftswahl von 1993. Analog gilt die Regel, daß der Prozentsatz der für beide Rechtsparteien abgegebenen Stimmen mit dem Anteil der Abiturienten, der Beamten und Angestellten, der Selbständigen und der Wohnungseigentümer sowie der verfügbaren Wohnfläche pro Person und der durchschnittlichen Höhe der Miete zurückgeht.

Hinsichtlich der parteipolitischen Korrelate gilt für alle drei Stadtstaaten gleichermaßen, daß die beiden Rechtsparteien vor allem in den traditionellen Hochburgen der SPD überdurchschnittlich gut abschnitten, während sie in den Hochburgen von FDP und Grünen im allgemeinen nicht ihren Landesdurchschnitt zu erreichen vermochten (vgl. für Berlin Abbildung 3.7).

Dieses bedeutet nicht automatisch, daß sie ausschließlich oder auch nur überwiegend von SPD-Abwanderern gewählt worden wären, von ehemaligen Unions- oder FDP-Wählern dagegen keine Stimmen erhalten hätten. Für solche Aussagen eignet sich die sozialgeographische Analyse nur bedingt. Doch belegen diese Resultate, daß der gleiche sozialräumliche Kontext, in dem in den Stadtstaaten die SPD bisher erfolgreich war und es nach wie vor ist, auch die Rechtsparteien begünstigt.

Abb. 3.7: Der Zusammenhang zwischen dem Republikaneranteil bei der Berliner Wahl von 1989 und den Anteilen bzw. der Veränderung der anderen Parteien

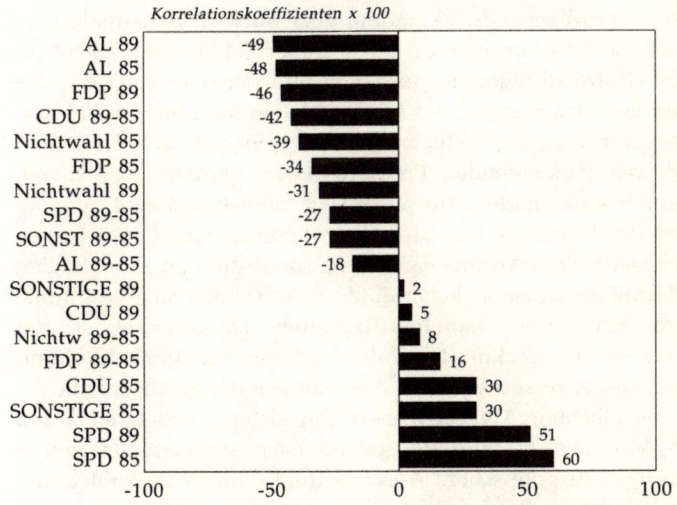

Anm.: Anteil der jeweiligen Partei an den Wahlberechtigten. SPD 89-85: SPD-Anteil 1989 minus SPD-Anteil 1985.
Lesehilfe: Je höher der SPD-Anteil 1985 (und 1989), desto höher im Schnitt der Republikaneranteil 1989; je höher der CDU-Rückgang, desto höher der Republikaneranteil 1989.

Fassen wir noch einmal zusammen: Nicht nur in den drei Stadtstaaten, sondern auch in Großstädten wie Frankfurt,

Stuttgart oder München, auf die wir nicht im einzelnen eingehen konnten, erzielten in den vergangenen vier Jahren die DVU und die Republikaner ihre größten Wahlerfolge in traditionellen Arbeiterquartieren. Häufig handelt es sich dabei um ehemalige oder aktuelle SPD-Hochburgen. Besonders gute Wahlergebnisse erreichten die beiden Rechtsparteien vor allem in jüngster Zeit in sozialen Problemgebieten mit überdurchschnittlich vielen Arbeitslosen, einem hohem Ausländer- und Zuwandereranteil sowie einem überdurchschnittlichen Prozentsatz von Sozialhilfeempfängern und unzureichend Ausgebildeten. Solche „abgehängten Stadtteile" (Dinse) finden sich rings um die alten Industriestandorte in den traditionellen Arbeitervorstädten, also Quartieren mit niedrigem Wohnwert und hoher Bevölkerungsfluktuation, aber auch in den modernen, städtebaulich nur allzu oft noch immer Betonwüsten gleichenden Großsiedlungen der sechziger und siebziger Jahre wie der Berliner Gropiusstadt, der Bremer Neuen Vahr oder dem Münchener Hasenbergl. Von bestimmten globalen Entwicklungen wie der zunehmenden Produktionsverlagerung ins Ausland, dem beschleunigten, für viele sehr schmerzhaften Übergang von der Industrie- zur Dienstleistungsgesellschaft, den Folgen der weltweiten Armutswanderung sowie dem fortschreitenden „Zerfall gemeinschaftlicher Bindungen" (Dinse) sind bestimmte Großstadtviertel besonders betroffen. Darunter leiden am stärksten die strukturell auf der Verliererseite dieser Modernisierungsprozesse stehenden Angehörigen der gesellschaftlichen Unterschichten. Als Antwort auf ihre sich in den letzten Jahren objektiv verschlechternde soziale Lage scheinen sie immer häufiger zu politischem Ausstieg (und damit zur Wahlenthaltung) oder zu Bestrafungsverhalten (und damit zur Wahl von Antisystemparteien) zu neigen.

4. Soziographie I:
Die Nähe der sozialen Gruppen zu rechtsextremen Parteien

Soziale Stellung und Rechtswahl

Rechtsextremistische Parteien wurden viele Jahre lang wegen der sozialen Stellung ihrer Anhänger als typische Mittelschichtbewegungen beschrieben. Arbeiter und Oberschichtangehörige betrachtete man als mehr oder minder immun gegenüber dem organisierten Rechtsextremismus. Wenn Arbeiter sich radikalisierten, dann nach links; bestenfalls die Arbeitslosen würden in Krisenzeiten auch einmal für rechtsextreme Parteien stimmen. Doch schon für die NSDAP und Teile des italienischen Faschismus, deren Aufstieg auf der Wähler- und Mitgliederebene man mit Hilfe der Mittelschichtthese zu erklären versuchte, traf diese Charakterisierung nur bedingt zu, wie die neuere wahlhistorische Forschung zeigt (vgl. Falter, Hitlers Wähler, S. 277ff.). Zuviele Arbeiter stimmten für sie oder schlossen sich ihnen als Mitglieder an, als daß man sie heute noch als reine Mittelschichtbewegungen oder doch weit überwiegend von den Mittelschichten geprägte Parteien charakterisieren könnte. Dennoch war die These vom Faschismus als dem Extremismus der Mittelschichten erstaunlich zählebig.

Spätestens im Zusammenhang mit den Wahlerfolgen der NPD in der zweiten Hälfte der 60er Jahre erwies sich diese These jedoch als nicht mehr tragfähig. Wie schon in den 30er Jahren die NSDAP und Anfang der 50er Jahre die SRP war auch die NPD überraschend stark bei Arbeitern, ja: Arbeiter tendierten in den meisten Umfragen dieser Zeit überdurchschnittlich häufig zur NPD, stärker als beispielsweise die Angestellten und Beamten. Diese Beobachtung verlangte nach neuen Erklärungsmustern jenseits der Massen- und der Klassentheorie. Ein solcher neuer Erklärungsversuch wurde im Jahre 1967 von den Kölner Soziologen Erwin K. Scheuch und Hans-Dieter Klingemann veröffentlicht. In vereinfachter Form hat er in der Zwischenzeit durch das Schlagwort von den „Modernisierungsopfern" oder „Modernisierungsverlierern", wie man die Wähler der Republikaner gerne bezeichnet, Eingang in den allgemeinen Sprachschatz gefunden.

Dieser Erklärungsversuch geht von der Beobachtung aus, daß Rechtsextremismus keineswegs eine typisch deutsche Erscheinung darstellt, daß es vielmehr in so gut wie allen westlichen Industrieländern einen zwischen 10 und 15 Prozent liegenden, stabilen Anteil von Personen mit einem relativ geschlossenen rechtsextremistischen Weltbild gibt. Scheuch und Klingemann bezeichnen den Rechtsextremismus daher auch als „normale Pathologie moderner Industriegesellschaften", also als eine quasi zum Alltag moderner Gesellschaften gehörende politische Krankheitserscheinung. Die These von den Modernisierungsopfern argumentiert, daß die moderne Gesellschaft in stetigem, durch den technischen Fortschritt immer stärker beschleunigten Wandel begriffen sei. In der Arbeitswelt erfordere dieser Wandel ständige Anpassungsleistungen, etwa an neue Maschinen, neue Werkstoffe, neue Produktionskonzeptionen oder neue Organisationsformen. Nicht jeder sei in der Lage, diese Anpassungsleistungen zu erbringen. Immer wieder blieben Einzelpersonen, aber auch soziale Gruppen hinter der Entwicklung zurück, teilweise seien ganze Berufssparten davon betroffen. Andere hätten zunächst einmal nur das Gefühl, mit der Entwicklung nicht mehr Schritt halten zu können.

Wie auch immer, ob man nun objektiv oder nur subjektiv auf der Verliererseite steht: als davon Betroffener tendiert man dieser These zufolge dazu, Abwehrhaltungen zu entwickeln. Eine häufige, gewissermaßen natürliche Reaktion ist es beispielsweise, nach Verantwortlichen für die eigene Misere zu suchen, andere zu Sündenböcken für das eigene Versagen zu machen. Früher waren das vor allem die Juden oder das Finanzkapital, heute wird diese Sündenbockfunktion häufiger auf Ausländer allgemein und besonders auf die Asylbewerber übertragen. Eine andere Form solcher psychischer Schutzmechanismen stellt die Pflege von Vorurteilen gegenüber bestimmten ethnischen und sozialen Gruppen dar, wie sie uns im Alltag in Form der

Stereotype vom fleißigen und tüchtigen Deutschen, vom lebensfrohen aber faulen Italiener, von den eloquenten aber korrupten Politikern oder den unser soziales Netz ausnutzenden „Scheinasylanten" immer wieder begegnen. Personen auf der Verliererseite, die ja im allgemeinen weniger gut ausgebildet und damit auch weniger flexibel sind, neigen nach Scheuch und Klingemann folglich dazu, starre Denkmuster zu entwickeln, sich in Trauer über vergangene, angeblich bessere Zeiten zu flüchten und nach einfachen Schuldzuweisungen und Lösungen für ihre Probleme zu suchen.

Parteien, die hier Abhilfe versprechen, indem sie für hochkomplexe Probleme scheinbar einfache Lösungsmuster vorschlagen, etwa einen totalen Einwanderungsstop für Ausländer und Übersiedler, die sofortige Abschiebung aller abgelehnten Asylbewerber oder eine rigorose Beendigung des Bonner Parteienhaders, finden bei den Modernisierungsopfern bevorzugt Anklang. Zumindest geht die Theorie hiervon aus. Auch positive Stereotype können solche Abwehrfunktionen erfüllen, beispielsweise Slogans wie „Deutschland über alles", „die Deutschen brauchen wieder einen Platz an der Sonne" oder der Ruf nach Zucht und Ordnung, der Wunsch nach einer starken Führung etc. Insbesondere in wirtschaftlichen Krisenzeiten und in Epochen tiefgreifender gesellschaftlicher und politischer Umbrüche, in denen die Verunsicherung weiter anwachse, sei mit einer verstärkten Hinwendung der Modernisierungsverlierer zu den rechtsradikalen Parteien zu rechnen.

Modernisierungsgeschädigte gibt es im Prinzip in allen Gesellschaftsschichten: bei Arbeitern, denen der Verlust ihres Arbeitsplatzes angesichts von Produktionsverlagerungen ins Ausland droht, bei Angestellten, die zum Opfer von Rationalisierungsmaßnahmen werden können, bei einfachen und mittleren Beamten, die wirtschaftlich mit den anderen nicht mehr Schritt halten können, aber auch bei Landwirten, die nach dem Wegfall von Subventionen nicht mehr in der Lage sind, ihren Hof gewinnbringend zu bewirtschaften, und bei Selbständigen, die ihr Geschäft angesichts der fortschreitenden Konzentration im Einzelhandel aufgeben müssen. Hauptsächlich jedoch sind die Modernisierungsgeschädigten in der Gruppe der weniger

Gebildeten, der beruflich weniger Erfolgreichen, der *kleinen* Geschäftsleute und der am Rande des Existenzminimums lebenden Bauern zu suchen, kurz: bei Personen mit zumeist minderer Qualifikation und niedrigem Einkommen, die sich in einer ungesicherten wirtschaftlichen Position mit ungewisser Zukunft befinden.

Die Wahl der Rechtsparteien in verschiedenen sozialen Gruppen

Abbildung 4.1 zeigt zunächst für die alten Bundesländer, welche sozialen Gruppen über- bzw. unterdurchschnittlich stark zur Wahl rechter Parteien tendieren. Eine Zusammenfassung mit den Auszählungsergebnissen für die neuen Bundesländer erscheint hierbei nicht sinnvoll, da sich neben einer Reihe von Parallelen durchaus auch bedeutsame Abweichungen zwischen West und Ost ergeben. Die gestrichelte senkrechte Linie in dieser Abbildung repräsentiert die für alle westdeutschen Befragten gemessene durchschnittliche Wahlbereitschaft für rechte Parteien; im Mittel lag dieser Wert 1993 bei fünf Prozent.

Zum Zeitpunkt der Niederschrift dieses Buches (Februar und März 1994) ist er auf etwa drei bis vier Prozent gesunken, wobei jedoch, wie eine Auswertung einer Umfrage vom Februar 1994 zeigt, keine nennenswerten Strukturveränderungen in der sozialen Zusammensetzung der Wählerschaft der Rechtsparteien festzustellen sind. Auf die Ergebnisse dieser vom Bielefelder EMNID-Institut durchgeführten Umfrage werden wir dann näher eingehen, wenn wir uns mit der Frage nach der Relation von Protest- und Überzeugungswählern beschäftigen.

In Abbildung 4.1 repräsentieren die rechts von der gestrichelten Linie liegenden Werte eine über-, die links von dieser Linie liegenden Werte eine unterdurchschnittliche Wahlbereitschaft zugunsten von Republikanern, DVU und NPD. Als über- und unterdurchschnittlich interpretieren wir dabei nur klar erkennbare, mindestens zwei Prozentpunkte betragende Abweichungen vom Mittel.

Abb. 4.1: Die Wahl rechter Parteien nach dem Beruf, dem Einkommen, der Bildung und der sozialen Schicht der Befragten in Westdeutschland

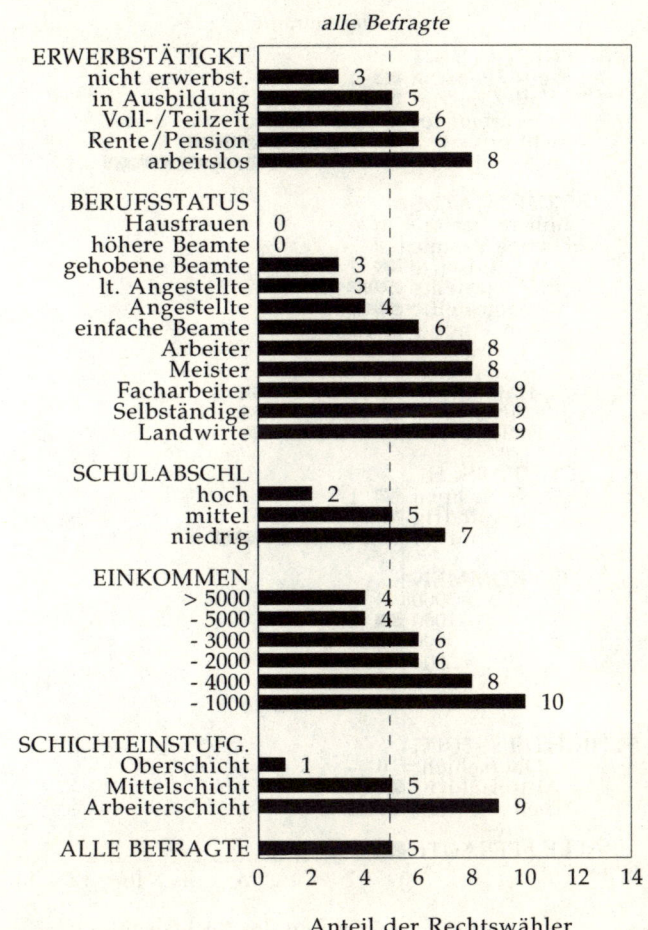

Anteil der Rechtswähler in der jeweiligen Gruppe

Abb. 4.2: Die Wahl rechter Parteien nach dem Beruf, dem Einkommen, der Bildung und der sozialen Schicht der Befragten in Ostdeutschland

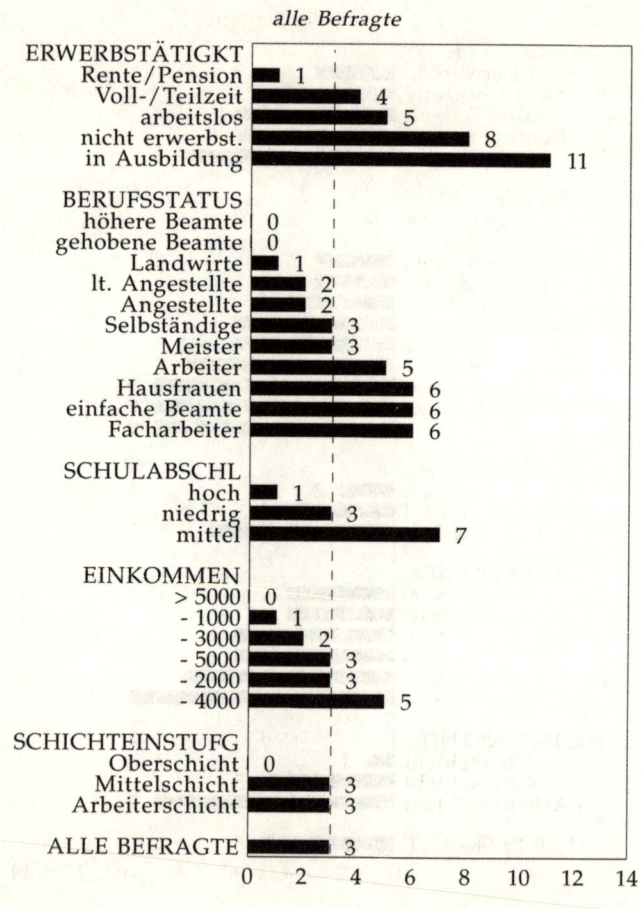

Anteil der Rechtswähler in der jeweiligen Gruppe

Abb. 4.3: Die Wahlabsicht für Rechtsparteien nach Beruf und Schulbildung in den alten Bundesländern

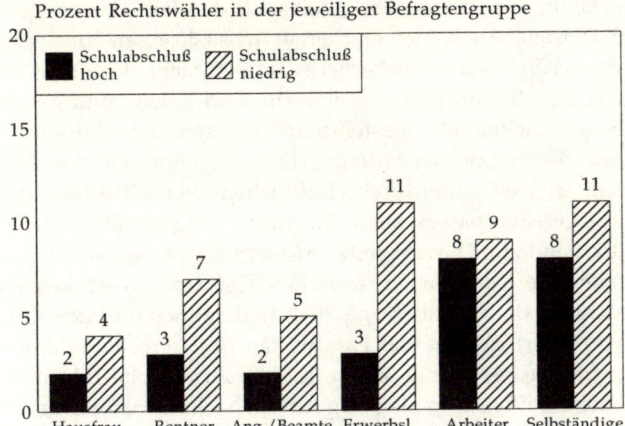

Quelle: Kumulierte Politbarometer 1993 der Forschungsgruppe Wahlen (Gesamtdeutschland).
Lesehilfe: 3 % der Arbeitslosen mit Realschul- oder Gymnasialbildung, aber 11 % der Arbeitslosen mit Volks- und Hauptschulabschluß wollten 1993 in Westdeutschland für eine Rechtspartei stimmen.

Eine überdurchschnittliche Tendenz zur Wahl der Rechtsparteien zeigen dabei Arbeitslose, einfache und ungelernte Arbeiter, Facharbeiter und Meister, Selbständige und Landwirte, Personen mit sehr niedrigem monatlichen Haushaltsnettoeinkommen und Befragte mit einem zwischen drei- und viertausend Mark liegenden Haushaltseinkommen, ferner Befragte mit niedriger Schulbildung sowie Personen, die sich selbst als Angehörige der Arbeiterschicht einstufen. Eine deutlich unterdurchschnittliche Affinität zu den Rechtsparteien weisen dagegen nicht erwerbstätige Befragte, Hausfrauen, gehobene und höhere Beamte sowie leitende Angestellte, die formal besser Gebildeten und Befragte, die sich als Angehörige der Oberschicht sehen, auf. Die übrigen sozialen Gruppen zeigen keine nennenswerten Ausschläge in die eine oder andere Richtung.

In den neuen Bundesländern gibt es, wie aus Abbildung 4.2 zu erkennen ist, Parallelen, aber auch deutliche Unterschiede zum Westen. Auch hier tendieren Arbeitslose, an- und ungelernte Arbeiter sowie Facharbeiter und einfache Beamte stärker als der Durchschnitt zur Rechtswahl, sind höhere und gehobene Beamte, leitende Angestellte und Befragte mit Oberschulabschluß sowie die (selbstdefinierten) Angehörigen der Oberschicht in weit unterdurchschnittlichem Maße Rechtswähler. Soweit gesehen passen auch die Auszählungsresultate für Ostdeutschland zur These von den Modernisierungsgesschädigten. Gravierende Differenzen zwischen Ost und West bestehen hinsichtlich der Schulbildung, dem Einkommen und der Affinität von Selbständigen und Landwirten zu den rechten Parteien. Allerdings ist es wenig sinnvoll, ohne zusätzliche Informationen diese Differenzen als Beleg für die Nichtanwendbarkeit der Modernisierungsopferthese im Osten zu interpretieren, da hier nach wie vor ganz andere ökonomische Umstände als im Westen vorliegen. Natürlich gibt es auch in den neuen Bundesländern Modernisierungsgeschädigte, doch existieren daneben viele Vereinigungsopfer und -gewinnler, deren Wahlverhalten naturgemäß anderen Prägungen unterliegt als bei ihren westdeutschen Gegenübern. Hinzu kommt, daß den Wählern in den neuen Bundesländern in Form der PDS am anderen Ende des politischen Spektrums gewissermaßen ein funktionales Äquivalent für Protestwahlverhalten zur Verfügung steht, das im Westen noch immer als SED-Nachfolgeorganisation zu stark diskreditiert erscheint und wohl auch organisatorisch zu schwach ist, um als ernsthafte Protestalternative wahrgenommen zu werden.

Abweichungen zwischen Ost und West treten auch dann auf, wenn man die Merkmale Berufsstatus und Schulbildung miteinander kombiniert. Das erscheint schon deshalb als sinnvoll, da sich hinter einigen der Berufskategorien ja sehr unterschiedliche soziale Lagen und Befindlichkeiten verbergen können. Das gilt beispielsweise für die Gruppe der Selbständigen, aber auch für Rentner und Pensionäre sowie für Hausfrauen (und

Hausmänner). Aus der Modernisierungstheorie läßt sich die Erwartung ableiten, daß Personen mit einer niedrigeren formalen Bildung stärker zur Wahl von Rechtsparteien neigen als Personen mit mittlerer oder höherer Schulbildung. Denn gerade die schlechter Ausgebildeten innerhalb jeder Berufsgruppe gehören ja nach den Vorstellungen der Modernisierungstheorie zu dem durch soziale und wirtschaftliche Wandlungsprozesse besonders gefährdeten Personenkreis. Wie Abbildung 4.3 zeigt, trifft diese Erwartung für die alten Bundesländer voll und ganz zu: In allen von uns gebildeten Berufs- und Erwerbstätigkeitskategorien tendieren Befragte mit niedrigerer formaler Bildung signifikant häufiger dazu, rechts zu wählen, als Personen mit Mittelschul- oder Gymnasialabschluß.

Abb. 4.4: Die Wahlabsicht für eine Rechtspartei nach Beruf und Schulbildung in den neuen Bundesländern

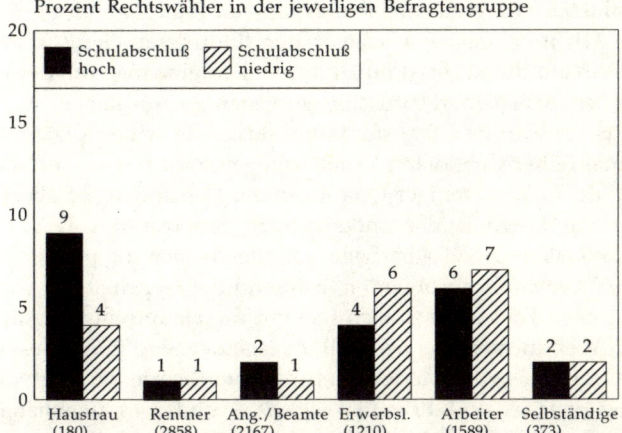

Quelle: Kumulierte Politbarometer 1993 der Forschungsgruppe Wahlen (Ostdeutschland).
Lesehilfe: 4 % der ostdeutschen Arbeitslosen bzw. Kurzarbeiter mit mittlerem oder höherem Schulabschluß und 6 % dieser Gruppe mit niedrigerem Schulabschluß wollten 1993 rechts wählen.

Besonders deutliche Unterschiede zwischen den Bildungskategorien treten bei der Gruppe der Erwerbslosen bzw. Kurzarbeiter und bei den Beamten und Angestellten auf. Gleichzeitig bleiben die Abstände zwischen den einzelnen Berufsgruppen im großen und ganzen auch innerhalb der einzelnen Bildungsschichten erhalten, tendieren Selbständige, Arbeiter und Erwerbslose stärker als der Durchschnitt der jeweiligen Bildungsschicht dazu, rechts zu wählen.

Die Befragten aus den neuen Bundesländern verhalten sich nicht ganz so erwartungskonform. Zwar läßt sich bei Hausfrauen und Arbeitslosen ein ähnlicher Effekt der Schulbildung feststellen wie im Westen; doch ist bei Selbständigen und Rentnern kein differenzierender Einfluß der Schulbildung nachzuweisen; bei der Gruppe der Angestellten und Beamten tritt sogar hinsichtlich der Rechtswahl eine Umkehrung des für den Westen festgestellten Bildungseffekts auf. Hier tendieren die besser Ausgebildeten etwas stärker als die weniger gut Ausgebildeten zur Wahl der Rechtsparteien (vgl. Abbildung 4.4). Bei Arbeitern dagegen scheint der Bildungsabschluß keinen Einfluß auf die Rechtswahl zu haben. Das eine mag mit der generellen Arbeitsmarktsituation im Osten zu tun haben, wo in der gegenwärtigen Transformationskrise die Arbeitsplätze der formal höher Gebildeten kaum weniger stark bedroht erscheinen als die der weniger Qualifizierten. Das andere ist aber sicher ein Ergebnis der andersartigen Struktur des DDR-Bildungssystems, wo Facharbeiter im allgemeinen die polytechnische Oberschule absolvierten, während die Mehrheit der westdeutschen Facharbeiter nach wie vor die Hauptschule besucht hat. Aber auch für die neuen Bundesländer wird zumindest eine Grundthese der Modernisierungsopfertheorie bestätigt: daß Arbeiterstatus und Erwerbslosigkeit – und dies unabhängig von der Schulbildung – die Wahl rechtsextremer Parteien begünstigen.

Wir können festhalten, daß sowohl auf der einfachen, nur ein soziales Merkmal in die Analyse einbeziehenden Beobachtungsebene als auch nach Einführung der Schulbildung als Kontrollfaktor zumindest für Westdeutschland die Aussagen der Modernisierungsverliererthese voll und ganz zutreffen: Vor allem diejenigen Befragten neigen zur Wahl rechter Parteien, die das vielzitierte untere Drittel (exakter wäre: das untere Fünftel) der Gesellschaft ausmachen, denen es schlechter geht als dem Durchschnitt, die weniger gebildet sind und sich realistischerweise am unteren Ende der Schichtungspyramide einstufen. Je höher die Bildung, je gehobener die berufliche Stellung und der soziale Status, desto geringer die Wahrscheinlichkeit, daß man „rechts" wählt. Für Ostdeutschland sind dagegen die Zusammenhänge weniger klar und eindeutig, obwohl selbst dort, trotz der ganz anderen Umstände, eine Reihe von Indizien für die Triftigkeit der Modernisierungsverliererthese zu sprechen scheint.

Sozialer Auf- und Abstieg

Zu den Modernisierungsverlierern zu gehören bedeutet, daß man sozial oder wirtschaftlich absteigt oder vom Abstieg gefährdet ist. Derartige tatsächliche oder subjektiv empfundene Veränderungen der sozialen und wirtschaftlichen Position können nicht nur innerhalb einer Generation, sondern auch im Verhältnis zwischen Eltern- und Kindergeneration auftreten. Trotz einer gewissen Tendenz zur „Schichterhaltung" sind derartige Prozesse intergenerationeller sozialer Mobilität in der modernen Leistungsgesellschaft recht häufig anzutreffen: das Arbeiterkind, das aufgrund seiner Begabung und seines Fleißes in die Mittel- oder Oberschicht aufsteigt, der Professorensohn, der die Höhere Schule nicht packt und einen minder bezahlten, wenig angesehenen Bürojob ergreift, oder der Bauernbub, der es bis zum Vorstandsvorsitzenden eines Weltkonzerns bringt, sind auch in Europa keine gar so seltenen Ausnahmen mehr. Die Anfälligkeit gegenüber extremistischen Parteien kann durch Auf- und Abstiegsprozesse von einer Generation zur anderen gefördert oder gehemmt werden. Wer es weniger weit bringt als seine Eltern oder Geschwister, sucht häufig die Schuld nicht bei sich, sondern bei der Gesellschaft und ihren Ungerechtigkeiten. Unzufriedenheit über die eigene Lage und das subjektiv empfundene persönliche Versagen fördern zumindest der Theorie nach die Affinität zu rechten und linken Randparteien.

Abb. 4.5: Die Wahlabsicht für Rechtsparteien nach der eigenen Schichteinstufung, der Schichteinstufung der Eltern und nach sozialem Auf- und Abstieg

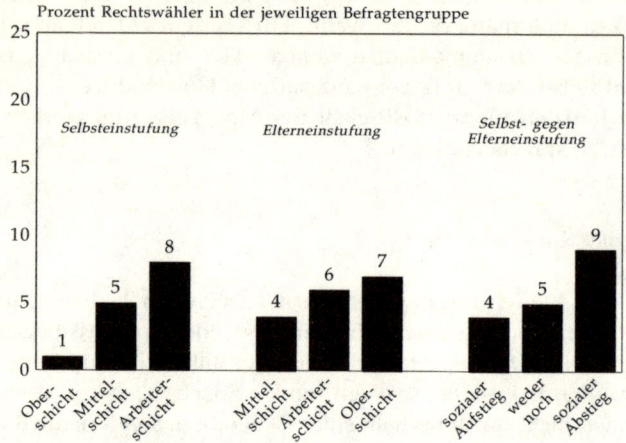

Quelle: Umfrage der Konrad-Adenauer-Stiftung vom Frühjahr 1993 (4375 Befragte).
Lesehilfe: 9 % derer, die im Verhältnis zur Elterngeneration sozial abgestiegen sind, tendieren zur Wahl einer rechten Partei, von den sozialen Aufsteigern dagegen nur 4 %.

Eine im Frühjahr 1993 durchgeführte Befragung der Konrad-Adenauer-Stiftung enthält neben vielen anderen Indikatoren über die berufliche und soziale Position der Wahlberechtigten auch Informationen über die eigene Schichteinstufung und die Einschätzung der sozialen Position des Elternhauses. Befragte, die sich selbst zur Arbeiterschicht zählen, tendieren in dieser Umfrage neunmal so häufig zur Wahl rechter Parteien als Personen, die sich der Oberschicht zurechnen; ihrer eigenen Wahrnehmung nach zur Mittelschicht gehörende Wähler hingegen wollten in etwa dem Durchschnitt entsprechend für rechte Parteien stimmen (vgl. Abbildung 4.5). Diese gut mit der

Modernisierungsopferthese zu vereinbarende Verteilung steht in seltsamem Kontrast zu den Ergebnissen der Schichteinstufung des Elternhauses: Hier erreichen die Rechtsparteien mit rund 7 Prozent die höchsten Zustimmungsraten bei denjenigen, die ihre Eltern als Angehörige der Oberschicht ansehen, während Befragte, die ihr Elternhaus der Mittelschicht zurechnen, die niedrigste Affinität zu diesen Parteien aufweisen. Personen, die in einem Arbeiterhaushalt aufgewachsen sind, tendieren mit sechs Prozent leicht überdurchschnittlich zu den rechten Parteien. Es stellt sich sogleich die Frage, ob für diese Diskrepanz soziale Auf- und Abstiegsprozesse verantwortlich sind. Die Kombination beider Schichteinstufungsindikatoren erlaubt eine wenigstens näherungsweise Antwort darauf. Natürlich stellen sowohl die eigene Schichtzurechnung als auch die Einstufung des Elternhauses höchst subjektive Maße dar. Da jedoch für unser Verhalten das, was wir wahrnehmen oder glauben, im allgemeinen von größerer Bedeutung ist als die objektive Schicht- oder Klassenzugehörigkeit, sollte dies kein Manko darstellen. Daß es sich hierbei nicht um völlig unrealistische Zurechnungen handelt, beweisen die Randverteilungen: rund 38 Prozent der Befragten stufen sich selbst in die Arbeiterschicht ein, weitere 58 Prozent in die Mittelschicht und knapp vier Prozent in die Oberschicht. Dies liegt nicht allzuweit von der Statuspyramide entfernt, die von der Schichtungssoziologie für die Bundesrepublik ermittelt worden ist. Auch die Einstufung des Elternhauses durch die Befragten erscheint als nicht völlig unrealistisch: etwa 46 Prozent Arbeiterschicht, rund 50 Prozent Mittelschicht und wiederum vier Prozent Oberschicht spiegeln die sozialen Verhältnisse der 50er und 60er Jahre recht gut wider.

Aus der Modernisierungsopferthese läßt sich mit Hilfe einiger Zusatzannahmen die Hypothese ableiten, daß sozialer Abstieg Rechtswahl begünstigt. Unsere Auszählungen stützen diese Annahme, wie Abbildung 4.5 belegt: Von den Befragten, die gegenüber der Elterngeneration sozial abgestiegen sind, wollten etwa neun Prozent für eine der drei Rechtsparteien stimmen; dagegen neigten nur vier Prozent der sozialen Aufsteiger zur Rechtswahl; Befragte schließlich, die den sozialen

Status ihrer Eltern in etwa halten konnten, wollten mit fünf Prozent so wie der Durchschnitt aller Befragten für die Rechtsparteien stimmen.

Gefährdung des Arbeitsplatzes

In den monatlichen Politbarometern der Forschungsgruppe Wahlen wurde im Jahre 1993 unter anderem auch danach gefragt, für wie sicher man seinen Arbeitsplatz halte. Dies ist ein wichtiger möglicher Einflußfaktor des Wahlverhaltens. Denn politische Einstellungen und Verhaltensweisen werden nicht nur durch sozialen Abstieg und tatsächlichen Arbeitsplatzverlust, sondern auch durch die pure Sorge der Befragten um Beschäftigung oder Auftragslage beeinflußt. Um politische Reaktionen zu provozieren, genügt bereits das Gefühl, die wirtschaftliche und soziale Existenz sei bedroht, gleichgültig, wie berechtigt dieses Gefühl ist. Tatsächlich ist die Angst vor Arbeitsplatzverlust für die Prognose politischen Verhaltens sogar der bessere Indikator als die – aus Umfragen ohnehin nicht zweifelsfrei zu gewinnende – Information über eine objektiv vorhandene Bedrohung: Einerseits ist es gut vorstellbar, daß ein Arbeitsplatz zwar akut bedroht ist, sein Inhaber das aber gar nicht bemerkt. Unter diesen Umständen wird eine Arbeitsplatzgefährdung kaum verhaltensrelevant sein. Umgekehrt verhält es sich, wenn ein Arbeitsplatz zwar objektiv sicher ist, subjektiv aber das Gefühl vorherrscht, er sei bedroht. Dies kann durchaus zu einem Wechsel der bisher gewählten Partei und zur Stimmabgabe für eine Rechtspartei führen.

Tab. 4.1: Das Gefühl der Arbeitsplatzsicherheit und die Wahl rechter Parteien

	Arbeitsplatz		Alle
	sicher	gefährdet	
West	5	10	5
Ost	3	4	4

Quelle: FGW-Politbarometer 1993.

Die Auswertung der kumulierten Politbarometer von 1993 zeigt, daß in Westdeutschland knapp fünf Prozent der Befragten, die ihren Arbeitsplatz als sicher ansahen, für eine der Rechtsparteien stimmen wollten, während von den Befragten, die ihren Arbeitsplatz als gefährdet wahrnahmen, rund doppelt so viele rechts zu wählen beabsichtigten. Der Tendenz nach gilt dieser Zusammenhang auch für die neuen Bundesländer, allerdings beträgt die Differenz zwischen beiden Gruppen hier nur rund ein Prozent (vgl. Tabelle 4.1).

Abb. 4.6: Die Wahlabsicht für eine Rechtspartei nach Beruf, Geschlecht und subjektiver Arbeitsplatzsicherheit (alte Bundesländer)

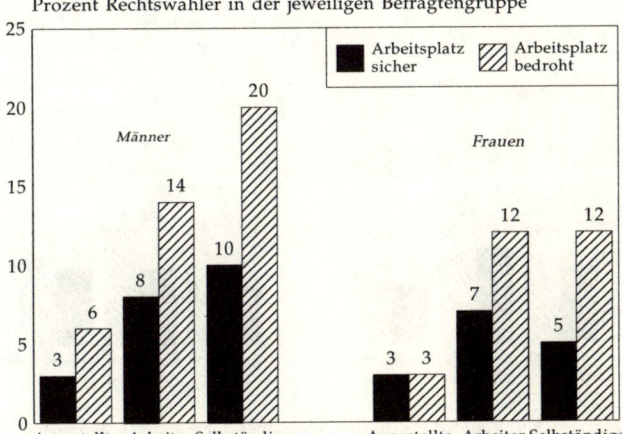

Quelle:	Kumulierte Politbarometer 1993 der Forschungsgruppe Wahlen (Befragte: West 10723, Ost 12082).
Lesehilfe:	8 % der männlichen Arbeiter, die sich ihres Arbeitsplatzes sicher fühlen, aber 14 % der Arbeiter, die meinen, ihr Arbeitsplatz sei unsicher, wollen für eine Rechtspartei stimmen.

Mit diesen Auszählungsergebnissen sollte man sich nicht zufrieden geben. Verständlicherweise ist die Sorge um den Arbeitsplatz auch vom Beruf und der Ausbildung des einzelnen abhängig. Aus diesem Grunde empfiehlt es sich, beide Merkmale in die Betrachtung des Zusammenhangs von subjektiver Arbeitsplatzsicherheit und Rechtswahl einzubeziehen. Dies erfolgt zunächst für den Beruf, dann für die Schulbildung und schließlich für die Kombination von Geschlecht bzw. Alter und Schulbildung bzw. Beruf in den Abbildungen 4.6 bis 4.9.

Abb. 4.7: Die Wahlabsicht für eine Rechtspartei nach der Bildung der Befragten und der subjektiven Arbeitsplatzsicherheit (alte und neue Bundesländer)

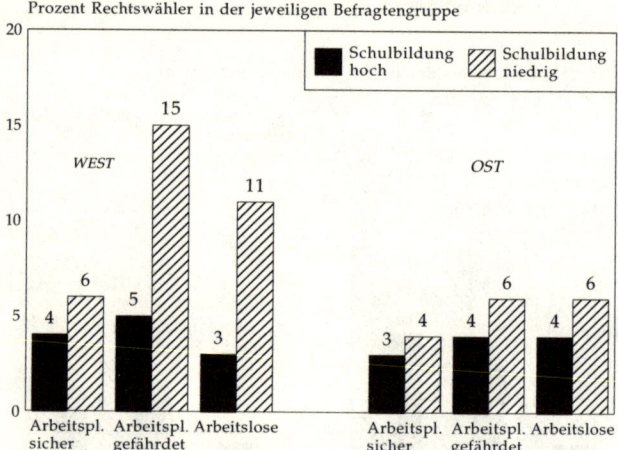

Quelle: Kumulierte Politbarometer 1993 der Forschungsgruppe Wahlen (Befragte: West 10723, Ost 12082).
Lesehilfe: Befragte mit subjektiver Arbeitsplatzunsicherheit wollen zu 15 % rechts wählen im Falle einer niedrigen Schulbildung, zu 5 % im Falle einer mittleren oder höheren Schulbildung.

Die dort abgebildeten Auszählungsergebnisse belegen, daß die Angst vor Arbeitsplatzverlust die Affinität zu den Rechtsparteien in allen betroffenen Gruppen beeinflußt. Arbeiter, die meinen, ihr Arbeitsplatz sei sicher, tendieren in den alten Bundesländern mit acht Prozent zur Wahl rechter Parteien, Arbeiter, die Sorge um ihren Arbeitsplatz haben, dagegen mit 14 Prozent. Bei angestellten und selbständigen Männern führen Arbeitsplatzängste sogar zu einer Verdoppelung des Prozentsatzes der Rechtswähler. Die weiter oben festgestellten Unterschiede zwischen den einzelnen Berufsgruppen bleiben dabei weitgehend erhalten. Im Osten hingegen sind die Zusammenhänge nur in abgeschwächter Form nachweisen. Ähnliche statistische Beziehungen zwischen Arbeitsplatzangst und der Wahl rechter Parteien bestehen, wie Abbildung 4.6 weiter zeigt, bei den weiblichen Berufsangehörigen. Dieser Einfluß des Merkmals „Sorge um den Arbeitsplatz" bleibt auch dann wirksam, wenn man statt des Berufs die Schulbildung der Befragten kontrolliert (vgl. Abbildung 4.7).

Abb. 4.8: Der Effekt der Überlagerung von Geschlecht, Arbeitsplatzsicherheit und Schulbildung auf die Wahl von Rechtsparteien

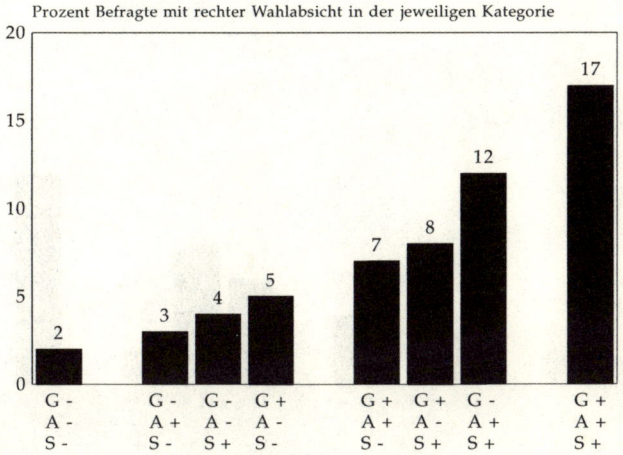

Anm.: G: GESCHLECHT (+) = Mann, (-) = Frau;
A: ARBEITSPLATZ (+) = unsicher, (-) = sicher;
S: SCHULBILDUNG (+) = niedrig, (-) = hoch.

Im Falle von Arbeitsplatzunsicherheit steigt bei formal niedrig gebildeten Befragten im Westen der Anteil der Rechtsstimmen von sechs auf immerhin fünzehn Prozent. Bei den formal höher Gebildeten liegt nicht nur das Niveau der Rechtswahl insgesamt, sondern auch der Anstieg bei Arbeitsplatzangst deutlich niedriger. Die Wähler in den neuen Bundesländern folgen auf niedrigerem prozentualen Niveau tendenziell demselben Muster, jedoch wirkt sich die Sorge um den Arbeitsplatz hier wesentlich schwächer aus als im Westen. Auch die Kombination von Geschlecht, Schulbildung und subjektiver Arbeitsplatzunsicherheit und Alter, Beruf und Arbeitsplatzunsicherheit ändert an dem festgestellten Effekt der Angst um Arbeitsplatz oder Beschäftigung nichts (vgl. Abbildung 4.8 bis 4.9).

Abb. 4.9: Der Effekt der Überlagerung von Geschlecht, Arbeitsplatzsicherheit und Schulbildung auf die Wahl von Rechtsparteien

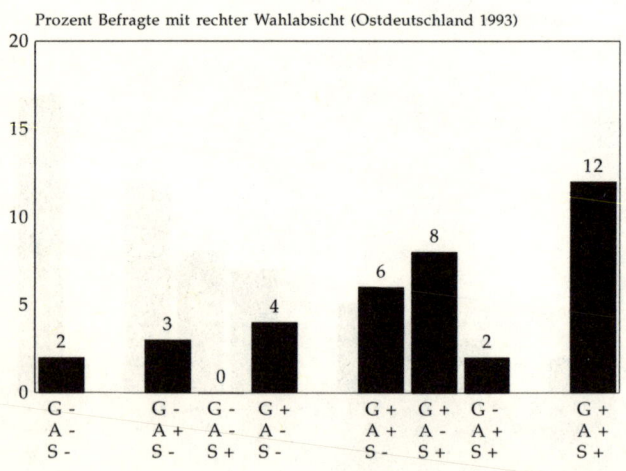

Anm.: G: GESCHLECHT (+) = Mann, (-) = Frau;
A: ARBEITSPLATZ (+) = unsicher, (-) = sicher;
S: SCHULBILDUNG (+) = niedrig, (-) = hoch.

Die Ergebnisse dieses Abschnitts zusammenfassend kann festgehalten werden, daß es für die Wähler im Westen recht deutliche, für die Wähler im Osten hingegen etwas weniger ausgeprägte, aber dennoch nachweisbare Belege für die Stichhaltigkeit der Modernisierungsopfertheorie gibt, die sich sowohl auf die Affinität der sozialen Gruppen zu den Rechtsparteien als auch auf den Einfluß des Gefühls von sozialem Abstieg und Arbeitsplatzunsicherheit beziehen.

Der Einfluß von Kirchen- und Gewerkschaftsbindung

Schon die Antisemitenparteien des Kaiserreiches waren hauptsächlich in protestantisch-ländlichen Wahlkreisen erfolgreich gewesen: dem Marburger Hinterland, in Oberhessen und dem einen oder anderen ostelbischen Wahlkreis. Ihre Nachfolgeparteien in der Weimarer Republik, die mit den Nationalsozialisten in der Deutsch-Völkischen Freiheitspartei ein Wahlbündnis bildenden Völkischen, hatten ihre Hochburgen ebenfalls in evangelisch-ländlichen Gebieten, vor allem in Mecklenburg. Auch die Nationalsozialisten waren, selbst auf dem Höhepunkt ihrer Wahlerfolge bei völlig freien Wahlen, der Reichstagswahl vom Juli 1932, in evangelischen Gemeinden und Kreisen im Schnitt weitaus erfolgreicher als in überwiegend katholischen Gebieten: In dem Viertel der Stadt- und Landkreise mit dem höchsten Protestantenanteil wurden sie bei dieser Wahl von rund 43 Prozent der Wahlberechtigten gewählt, in dem Viertel der Kreise mit dem niedrigsten Protestantenanteil von nur 18 Prozent. Die Rekordkreise der NSDAP bei dieser Wahl lagen denn auch alle in protestantisch-ländlichen Regionen, nämlich in Mittelfranken, im Vogelsberg oder in Ostpreußen, wobei die NSDAP in diesen Kreisen von im Durchschnitt über 80 Prozent (!) der Wähler unterstützt wurde.

In der Bundesrepublik setzte sich diese Tendenz fort: Die SRP und die DRP waren in den 50er Jahren vor allem in evangelischen Gebieten erfolgreich; in den 60er Jahren erzielte die NPD ihre größten Wahlerfolge wiederum hauptsächlich in überwiegend protestantischen Gemeinden. In katholischen

Regionen dagegen taten sich die rechtsextremen Parteien immer sehr schwer. Auch in den Hochburgen der sozialistischen bzw. sozialdemokratischen Arbeiterbewegung wie etwa dem Berliner Wedding, dem Ruhrgebiet oder Oberschlesien erzielten rechtsextreme Parteien regelmäßig weit unter dem jeweiligen Landesdurchschnitt liegende Wahlergebnisse.

In der Bundesrepublik setzte sich diese Tendenz fort: Die SRP und die DRP waren in den 50er Jahren vor allem in evangelischen Gebieten erfolgreich; in den 60er Jahren erzielte die NPD ihre größten Wahlerfolge wiederum hauptsächlich in überwiegend protestantischen Gemeinden. In katholischen Regionen dagegen taten sich die rechtsextremen Parteien immer sehr schwer. Auch in den Hochburgen der sozialistischen bzw. sozialdemokratischen Arbeiterbewegung wie etwa dem Berliner Wedding, dem Ruhrgebiet oder Oberschlesien erzielten rechtsextreme Parteien regelmäßig weit unter dem jeweiligen Landesdurchschnitt liegende Wahlergebnisse.

Beobachtung führte, angewandt auf die nationalsozialistischen Wahlerfolge, zur Formulierung einer Art Ansteckungs- bzw. Immunisierungstheorie in Bezug auf extremistische Bewegungen. In seiner „Theorie des Politischen Konfessionalismus" geht der amerikanische Politologe Walter Dean Burnham davon aus, daß das katholische Milieu auf der einen und das sozialistische Arbeitermilieu auf der anderen Seite in der Lage waren, als einzige gesellschaftliche Kräfte überhaupt, gegen den Nationalsozialismus wirkungsvolle Barrieren zu errichten. Beide Milieus zeichneten sich bis ans Ende der Weimarer Republik und stellenweise auch noch bis in die Bundesrepublik hinein durch eine engmaschige soziale Vernetzung in Form von Vereinen, Freizeitangeboten und Veranstaltungen sowie durch die Existenz expliziter Wahlnormen aus. Den Mitgliedern des katholischen Milieus war es klar, daß die einzigen für einen Katholiken wählbaren Parteien in der Weimarer Republik das Zentrum und die Bayerische Volkspartei, in der Bundesrepublik die CDU oder die CSU waren; andere Parteien, insbesondere aber extremistische Gruppierungen, durfte man nicht wählen, wenn man nicht gegen die Milieunormen verstoßen und mit negativen Sanktionen belegt werden wollte. Innerhalb des Arbeitermilieus standen als wählbare Alternativen am Anfang der Weimarer Republik die SPD und die USPD und später, während der Weltwirtschaftskrise, auch die KPD zur Verfügung.

Durch die Vorgabe einer klaren, für jeden erkennbaren Wahlnorm und die dauernde Weitergabe und Verstärkung dieser Norm durch eine Vielzahl von Kontakten innerhalb des jeweiligen Milieus gelang es nach Ansicht Burnhams, andere Parteien klein zu halten, insbesondere aber eine Art Resistenz der Milieumitglieder gegenüber dem Einfluß des Nationalsozialismus aufzubauen.

Entstanden waren diese beiden Milieus im Kaiserreich während des gegen die katholische Kirche gerichteten Kulturkampfes und der Ära der Sozialistengesetze, mit deren Hilfe Bismarck den Aufstieg der Sozialdemokratie und der Gewerkschaften zu verhindern suchte. Durch die Industrialisierung, Urbanisierung und Binnenwanderung sowie durch den fortschreitenden Prozeß der Entkirchlichung waren diese anfangs so dicht gewebten, nach außen hin relativ stark abgeschotteten Milieus bereits seit der Jahrhundertwende einem stetigen Erosionsprozeß unterworfen. In der Weimarer Republik waren sie jedoch politisch durchaus noch wirksam, wie Untersuchungen über den Aufstieg der NSDAP bei Wahlen belegen.

In den katholisch-ländlichen Gebieten und einigen industriellen Regionen überdauerten beide Milieus selbst die Umbrüche und Verwerfungen des 2. Weltkriegs. Ihre Existenz und Wirksamkeit läßt sich für die fünfziger und sechziger Jahre noch anhand diverser, wenn auch allmählich weniger werdender Beispiele (etwa für Bayern oder das oldenburgische Münsterland) nachweisen. Erst in den letzten 25 Jahren büßten sie auch in ihren letzten Rückzugsgebieten ihre verhaltensprägende Kraft fast vollständig ein. Verursacht wurde dieser Milieuabbau durch solche säkularen Prozesse wie die allmähliche Entindustrialisierung, die fortschreitende Entkirchlichung und eine die Gesellschaft tiefgreifend verändernde Individualisierung der Lebensstile. Weiter zur Einebnung der sozialmoralischen Milieus trug sicherlich die Herausbildung einer bundesweiten, von den elektronischen Massenmedien, allen voran dem Fernsehen konstituierten „Kommunikationsgemeinschaft" bei. Diese Prozesse des Milieuabbaus und der Hand in Hand damit gehenden Individualisierung lassen es fraglich erscheinen, ob das Erklärungsmuster des „Politischen Konfessionalismus" heute noch für die Anhänger und Gegner rechtsextremer Parteien anwendbar ist. Um uns einer Klärung dieser Frage zu nähern, wollen wir im folgenden den Einfluß von Konfessionszugehörigkeit und Gewerkschaftsbindung auf die Wahl der Rechtsparteien in den neunziger Jahren untersuchen.

Der Einfluß der Konfession

In den alten Bundesländern sind trotz des im vorangehenden Abschnitt beschriebenen Prozesses der Entkirchlichung noch immer knapp 90 Prozent der Bevölkerung Mitglied in einer christlichen Konfessionsgemeinschaft; im Osten waren es laut den Befragungen der Forschungsgruppe Wahlen im Jahre 1993 dagegen nur noch rund 38 Prozent. Daß es sich bei den Kirchenmitgliedern im Westen inzwischen mehrheitlich um Taufscheinchristen handelt, wird deutlich, wenn man nicht bloß nach der nominellen Mitgliedschaft, sondern nach der Häufigkeit des Kirchgangs und der Verbundenheit mit der Kirche fragt: Lediglich vierzig bis fünfzig Prozent der Kirchenmitglieder gehen heutzutage noch mehr als einmal pro Jahr zum Gottesdienst oder zur Messe; und nur ein gutes Viertel der Katholiken bezeichnet sich als stark mit der Kirche verbunden; bei den anderen Konfessionen sind es sogar weniger als 15 Prozent. Ein weiteres Viertel der Katholiken und ein Drittel der Protestanten dagegen gab im Frühjahr 1993 an, sich mit der Kirche überhaupt nicht mehr verbunden zu fühlen. Anders sieht es im Osten aus. Hier besaß zu DDR-Zeiten bekanntlich die Mitgliedschaft in einer der christlichen Kirchen eine andere Bedeutung als in Westdeutschland. Die aus den neuen Bundesländern kommenden Konfessionsangehörigen setzen sich daher auch heute noch stärker aus überzeugten Christen zusammen als im Westen.

Abb. 4.10: Die Wahlabsicht zugunsten einer Rechtspartei nach der Konfession

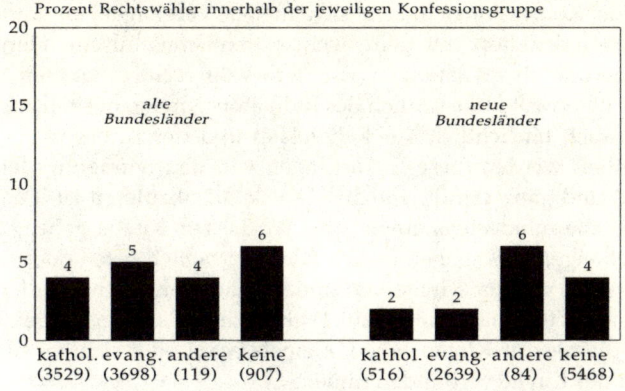

Quelle: Kumulierte Politbarometer 1993 der Forschungsgruppe Wahlen. In Klammern: Befragte je Kategorie.
Lesehilfe: Im Westen gaben etwa 4 % der katholischen und 5 % der evangelischen Befragten, im Osten 2 % der Katholiken und Protestanten an, daß sie für eine Rechtspartei stimmen wollten.

Angesichts dieser Zahlen sollte im Westen die bloße Kirchenmitgliedschaft keinen starken hemmenden Einfluß mehr auf die Wahl rechter Parteien ausüben. Im Osten hingegen mit seinen sehr viel niedrigeren Mitgliedszahlen sollte, falls die Immunisierungshypothese noch Gültigkeit besitzt, der Effekt der puren Konfessionszugehörigkeit noch deutlicher zu spüren sein. Diese Erwartung wird von den Daten weitgehend getragen, wie Abbildung 4.10 belegt. In den alten Bundesländern gaben vier, in den neuen Bundesländern dagegen nur zwei Prozent der Katholiken an, für eine der drei Rechtsparteien stimmen zu wollen; bei den Protestanten waren es fünf Prozent im Westen und wiederum zwei Prozent im Osten. Damit lagen die Angehörigen der beiden großen Kirchen im Osten klar, im Westen dagegen nur knapp unter dem jeweiligen Durchschnitt aller Befragten.

Sehr viel deutlichere Einflüsse als von der nominellen Konfessionszugehörigkeit sollten von Merkmalen ausgehen, mit denen wir die tatsächliche Bindung an die Kirche messen; denn beide Konfessionen haben sich in der Vergangenheit immer wieder dezidiert mit dem Rechtsextremismus auseinandergesetzt und ihre Gläubigen vor der Wahl rechter Parteien gewarnt. Sowohl hinsichtlich des Indikators Kirchgangshäufigkeit als auch hinsichtlich der Religiosität und der Kirchenverbundenheit werden diese Erwartungen von den Befragungsdaten voll und ganz erfüllt, wie aus Tabelle 4.2 abzulesen ist. Personen, die mindestens einmal pro Woche zur Kirche gehen, die nach eigenen Angaben täglich oder fast täglich beten oder sich als stark mit der Kirche verbunden charakterisieren, tendieren drei- bis fünfmal seltener zur Wahl rechter Parteien als Befragte, die nie zur Kirche gehen, niemals beten oder sich gar nicht mit der Kirche verbunden fühlen.

Interessant ist in diesem Zusammenhang, daß diese Faktoren für die Wahlabsichten wichtiger zu sein scheinen als für die Sympathie oder Antipathie gegenüber rechten Parteien (vgl. Tabelle 4.2). Zumindest im Westen hegen auch die häufig in die Kirche gehenden Befragten, die regelmäßig Betenden und die nach eigenem Bekunden stark mit der Kirche Verbundenen durchaus in nennenswertem Maße Sympathien für die Republikaner (für die anderen beiden Parteien werden bisher keine Sympathiewerte ermittelt). Die verhaltensregulierende Macht der Kirchen scheint folglich im Osten wie im Westen fortzubestehen. Die Gedanken hingegen sind frei: Auch als gläubiger Katholik oder Protestant hat man seine politischen Vorurteile, Abneigungen und Sympathien; man verhält sich nur nicht so leicht danach, sondern folgt bei der Wahl eher den Maximen seiner Kirche.

Dies wird besonders deutlich bemerkbar, wenn man das Zusammenspiel von Konfession und Kirchenverbundenheit analysiert (vgl. Abbildung 4.11). Immerhin 14 Prozent der Katholiken, die sich ihrer Kirche überhaupt nicht verbunden fühlen, aber nur zwei Prozent der nach eigenem Bekunden stark kirchengebundenen Katholiken wollen für eine der Rechtsparteien stimmen; bei den Protestanten sind es acht bzw. ein Prozent.

Sobald die Bindung an die Kirche wegfällt, verschwindet sichtlich auch die von ihr ausgehende immunisierende Kraft.

Abb. 4.11: Die Wahlabsicht zugunsten einer Rechtspartei nach der Konfession und der Verbundenheit mit der Kirche

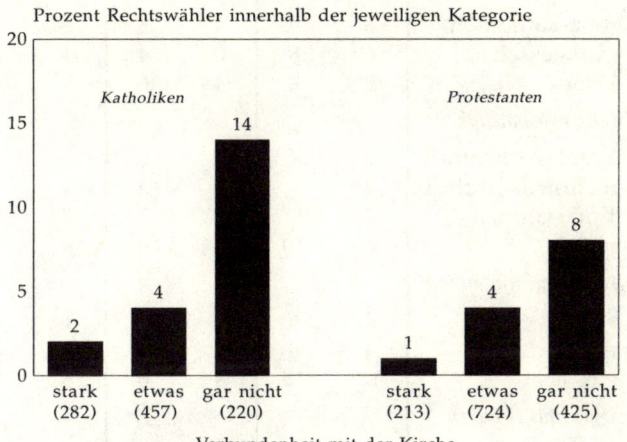

Quelle: Umfrage der Konrad-Adenauer-Stiftung vom Frühjahr 1993. In Klammern: Die Zahl der Befragten je Antwortkategorie.

Differenziert man diese Kombination von Konfession und Kirchenverbundenheit noch weiter nach dem Geschlecht, Alter oder der Schulbildung der Befragten aus, stoßen wir auf Gruppen, von denen jeder Fünfte zur Wahl von Rechtsparteien neigt. Dies trifft beispielsweise für Katholiken mit Volksschul- oder Hauptschulabschluß zu, die sich der Kirche überhaupt nicht verbunden fühlen; bei den ansonsten gleich definierten Protestanten sind es zwölf Prozent. Wie Tabelle 4.3 belegt, setzt sich der Einfluß der Kirchenverbundenheit auch in der Verbindung mit den Merkmalen Alter und Geschlecht durch. Eine starke Kirchenbindung führt in der Regel zu sehr niedrigen, die Abwesenheit von Kirchenbindungen dagegen zu weit überdurchschnittlichen Rechtswähleranteilen.

Tab. 4.2: Soziokulturelle Bindungen der Rechtswähler und -sympathisanten

Merkmal	West Wahl	West Symp	Ost Wahl	Ost Symp	Gesamt Wahl	Gesamt Symp
Konfession						
röm.-katholisch	5	9	4	3	6	9
evangelisch	6	8	0	4	4	8
keine	9	9	4	6	6	7
Kirchgangshäufigkeit						
1 mal wöchentlich	2	7	0	0	2	6
mehrmals jährlich	4	7	2	5	4	7
1 mal jährlich	7	11	3	3	7	10
nie	11	10	4	6	8	8
Kirchenverbundenheit						
stark	2	6	0	3	1	6
etwas	4	8	2	3	4	8
gar nicht	10	10	4	6	8	9
Religiosität (Beten)						
tägl.	3	6	0	0	3	5
wöchentlich	2	6	0	2	2	6
monatlich	8	8	0	7	7	8
jährlich	5	10	6	5	5	10
nie	10	10	3	6	7	8
Gewerkschaftsverbundenheit						
stark	2	6	2	5	2	6
etwas	6	9	2	4	5	8
gar nicht	6	9	4	6	6	8
Gewerkschaftsmitgliedschaft						
selbst und andere	3	7	2	4	3	6
selbst	4	8	2	5	4	7
andere	6	6	2	2	5	5
nein	6	9	3	5	6	9

Quelle: Frühjahrsumfrage 1993 der Konrad-Adenauer-Stiftung

Bemerkenswert erscheint in diesem Zusammenhang, daß bei Katholiken ohne Kirchenbindung, also den reinen Taufscheinkatholiken, die Neigung, rechts zu wählen, stets höher liegt als bei Protestanten ohne Kirchenbindung. Wenn die Dämme erst einmal gebrochen sind, scheint bei dieser Gruppe die durch die Kirche geförderte Widerstandskraft besonders schnell zu schwinden.

Der Einfluß der Gewerkschaftsbindung

Die andere große Barriere gegen die Wahl rechtsextremer Parteien war früher die Gewerkschaftsbindung, die ja so etwas

Tab. 4.3: Die Wahl rechter Parteien nach der Gewerkschaftsverbundenheit in Zusammenhang mit anderen sozialen Merkmalen

Merkmal	Gewerkschaftsverbundenheit		
	stark	etwas	gar nicht
Geschlecht			
Männer	2	6	9
Frauen	3	4	4
Alter			
18-29 Jahre	2	8	11
30-59 Jahre	3	4	6
60 und älter	0	4	5
Schulbildung			
niedrig	3	7	7
mittel und hoch	2	2	5
Kirchenbindung			
stark	0	2	1
etwas	2	4	5
gar nicht	4	9	12

Quelle: Umfrage der Konrad-Adenauer-Stiftung vom Frühjahr 1993

wie eine zumindest geistige Zugehörigkeit zur Arbeiterbewegung symbolisierte. Heute, nach der enormen Ausdehnung der Gewerkschaften in den sechziger und siebziger Jahren, dürfte es sich vielfach eher um eine Interessenvertretung als um eine Gesinnungsgemeinschaft handeln. Im Gegensatz zur Konfession gibt es allerdings keine quasi-automatische Mitgliedschaft durch Geburt oder Taufe, sondern die Zugehörigkeit zu einer Gewerkschaft wird ähnlich wie bei einer Partei durch einen bewußten Akt des Eintritts begründet. Insofern dürfte der Anteil der bloß nominellen Mitglieder bei den deutschen Gewerkschaften sehr viel geringer sein als bei den christlichen Konfessionsgemeinschaften. Anders sieht es in einigen westlichen Industrieländern aus, wo man in bestimmten Betrieben nur dann Beschäftigung findet, wenn man sich einer Gewerkschaft anschließt.

Abb. 4.12: Die Wahlabsicht zugunsten einer Rechtspartei nach der Gewerkschaftsmitgliedschaft

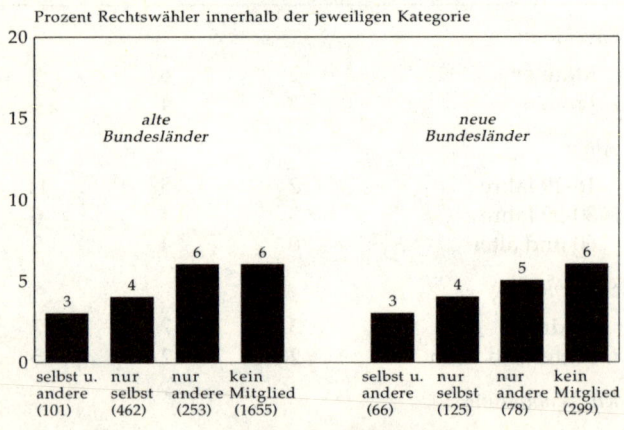

Quelle: Umfrage der Konrad-Adenauer-Stiftung vom Frühjahr 1993. In Klammern: Die Zahl der Befragten je Antwortkategorie.

Abb. 4.13: Die Wahlabsicht zugunsten einer Rechtspartei nach der Verbundenheit mit den Gewerkschaften

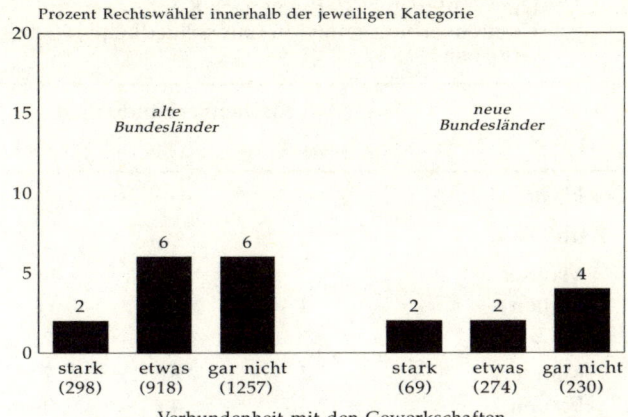

Quelle: Umfrage der Konrad-Adenauer-Stiftung vom Frühjahr 1993. In Klammern: Die Zahl der Befragten je Antwortkategorie.

Wie aus Abbildung 4.12 hervorgeht, üben die Gewerkschaften auf ihre Mitglieder – übrigens in Ost- und Westdeutschland in ungefähr dem gleichen Ausmaße – nach wie vor eine gegenüber den Rechtsparteien immunisierende Wirkung aus. Befragte, die selbst in der Gewerkschaft sind und wo auch weitere Haushaltsmitglieder gewerkschaftlich organisiert sind, neigen mit drei Prozent nur halb so häufig zur Wahl rechter Parteien wie Personen, die nicht Mitglied in einer Gewerkschaft sind. Wiederum übt das Gefühl der Verbundenheit mit der Gewerkschaftsbewegung eine stärker immunisierende Wirkung aus als die bloße Mitgliedschaft. Allerdings sind die Unterschiede zwischen reiner Mitgliedschaft und starker Verbundenheit mit der Gewerkschaftsbewegung nicht ganz so deutlich ausgeprägt wie im Falle der Kirchenbindung. So neigten Befragte aus den alten und den neuen Bundesländern, die sich als stark mit den Gewerkschaften verbunden charakterisierten, mit 2 Prozent, Personen dagegen, die sich überhaupt nicht mit den

Gewerkschaften identifizieren, zu vier bzw. sechs Prozent dazu, rechte Parteien zu wählen.

Tab. 4.4: Die Wahl rechter Parteien nach Konfession und Kirchenverbundenheit in unterschiedlichen sozialen Gruppen

Merkmal	Kirchenverbundenheit		
	stark	etwas	gar nicht
Geschlecht			
Katholiken			
Männer	3	5	16
Frauen	1	2	11
Andere			
Männer	1	5	7
Frauen	1	4	9
Alter			
Katholiken			
18-29 Jahre	4	8	17
30-59 Jahre	4	4	10
60 und älter	0	2	20
Andere			
18-29 Jahre	6	8	9
30-59 Jahre	1	4	5
60 und älter	0	3	19
Schulbildung			
Katholiken			
niedrig	2	3	20
mittel und hoch	2	3	8
Andere			
niedrig	0	6	12
mittel und hoch	2	2	5

Quelle: Frühjahrsstudie 1993 der Konrad-Adenauer-Stiftung

Wie aus den in Abbildung 4.13 angegebenen Fallzahlen abzulesen ist, umfaßt die Kategorie der stark mit den Gewerkschaften verbundenen Befragten mit 12 Prozent der Bevölkerung allerdings nur ein relativ kleines Segment der west- und ostdeutschen Gesellschaft.

Die Kombination der Gewerkschaftsverbundenheit mit den Merkmalen Geschlecht, Alter und Schulbildung liefert ähnliche Zusammenhänge wie im Falle der Kirchenverbundenheit: Der Anteil der Rechtswähler ist bei starker Gewerkschaftsverbundenheit durchweg niedriger als bei Abwesenheit einer gefühlsmäßigen Gewerkschaftsbindung (vgl. Tabelle 4.3). Die Unterschiede zwischen den Extremgruppen der stark Gewerkschaftsgebundenen und der überhaupt nicht Gebundenen sind jedoch im Schnitt nicht ganz so ausgeprägt wie im Falle der Kirchenbindung.

Dies könnte als Indiz dafür gedeutet werden, daß von der Kirchenbindung ein insgesamt stärkerer hemmender Einfluß auf die Rechtswahl ausgeht als von der Verbundenheit mit den Gewerkschaften. Hierfür spricht auch die Kombination beider Merkmale: Ist die Verbundenheit mit den Gewerkschaften stark, die Verbundenheit mit der Kirche hingegen nicht existent, beträgt der Anteil der Rechtswähler in Deutschland vier Prozent. Im umgekehrten Falle hingegen, also bei starker Kirchen- und nicht vorhandener Gewerkschaftsverbundenheit, liegt er bei nur einem Prozent (vgl. Tabelle 4.4). Ferner geht aus der gemeinsamen Betrachtung des Einflusses beider Merkmale hervor, daß Kirchen- und Gewerkschaftsverbundenheit unabhängig voneinander wie auch sich gegenseitig verstärkend zur Immunisierung gegenüber dem Rechtsextremismus beitragen: von den Befragten ohne Kirchen- und Gewerkschaftsverbundenheit tendierten im Frühjahr 1993 12 Prozent zur Rechtswahl; in der Kontrastgruppe der Befragten mit starker subjektiver Bindung sowohl an die Kirche als auch an die Gewerkschaften wollte dagegen so gut wie niemand rechts wählen! Dieser Effekt gegenseitiger Verstärkung wird schließlich auch in Abbildung 4.14 deutlich, wo zusätzlich zur Kirchen- und Gewerkschaftsverbundenheit noch der Einfluß der Schulbildung auf die Wahl rechter Parteien untersucht wird. Wie erinnerlich neigen besser ausgebildete Personen, im vorliegenden Falle handelt es sich um Befragte mit mindestens mittlerer Reife, sehr viel weniger zur Wahl rechtsextremer Parteien als Personen, die nur einen Volksschul- oder Hauptschulabschluß aufweisen. Wo sich Kirchen- und Gewerkschaftsverbundenheit sowie weiterführende Schulbildung überlagern, tendierten 1993 nur 2 Prozent aller Befragten zur Wahl von Republikanern, DVU oder NPD. Im umgekehrten Falle, also bei Abwesenheit beider Bindungsmerkmale und niedrigerer Schulbildung, waren es dagegen 18 Prozent.

Abb. 4.14: Der Einfluß der Überlagerung von Gewerkschaftsverbundenheit, Kirchenverbundenheit und Schulbildung auf die Wahl rechter Parteien

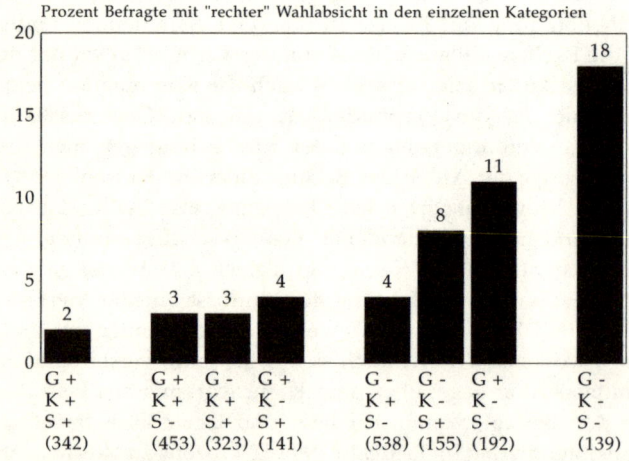

Anm.: G: GEWERKSCHAFTSVERBUNDENHEIT (+) = stark oder etwas verbunden, (-) = überhaupt nicht verbunden.
K: KIRCHENVERBUNDENHEIT (+) = stark oder etwas verbunden, (-) = überhaupt nicht verbunden.
S: SCHULBILDUNG (+) = Realschul-/Gymnasialabschluß, (-) = Volksschul-/Hauptschulabschluß.

Als Fazit der beiden vorangehenden Teilkapitel können wir somit festhalten, daß die alten Mechanismen auch heute noch wirksam sind: Wo sich Kirchen- und Gewerkschaftsbindung überlagern, sind die Rechtsparteien auch im wiedervereinigten Deutschland so gut wie chancenlos. Dabei scheint im Vergleich zur (subjektiven) Gewerkschaftsbindung die Kirchenbindung noch immer etwas stärker gegenüber den Rechtsparteien zu immunisieren. Dagegen übt in den alten Bundesländern die bloße Mitgliedschaft in der katholischen Kirche kaum noch den von früher her bekannten resistenzsteigernden Einfluß aus.

5. Soziographie II:
Die soziale Zusammensetzung der Anhänger, Wähler und Sympathisanten der Rechtsparteien

Anhänger, Wähler und Sympathisanten

Bisher war unser Interesse vor allem auf die Tendenz innerhalb der verschiedenen demographischen und sozialen Gruppen gerichtet, bei Wahlen für rechte Parteien zu stimmen. Nicht beantwortet wurde bisher die Frage nach der sozialen Zusammensetzung der Wähler- und Anhängerschaft dieser Parteien. Denn neben der Anfälligkeit oder Resistenz einzelner Gruppen, extrem rechts zu wählen, ist hierfür auch ihre Größe von Bedeutung. Um es an einem absurden, aber gerade deswegen besonders anschaulichen Beispiel zu demonstrieren: Selbst wenn alle deutschen Donaudampfschiffahrtskapitäne „rechte" Parteien wählten, wären diese deswegen dennoch keine Donaudampfschiffahrtskapitänsparteien. Hierfür ist dieser Berufsstand zahlenmäßig viel zu unbedeutend. Außerdem vergleichen wir den Anteil der verschiedenen demographischen und sozialen Gruppen innerhalb der Anhängerschaft der Rechtsparteien mit ihrem Anteil innerhalb der Gesamtbevölkerung oder genauer: an allen Wahlberechtigten. Dieser Vergleich beschreibt wieder die über- oder unterdurchschnittliche Anfälligkeit der Gruppen gegenüber rechtsextremistischen Parteien. Wir werden übrigens die Begriffe „Bevölkerung" bzw. „Gesamtbevölkerung" und „alle Wahlberechtigte" bzw. „Gesamtheit aller Wahlberechtigten" im folgenden quasi synonym verwenden, meinen aber damit immer letzteres.

Wir wechseln also im folgenden die Perspektive und nehmen nun, als eine Art Zusammenfassung des vorstehenden Kapitels, die soziale Zusammensetzung der Rechtsparteien in den Blick. Wir stützen uns dabei im Interesse möglichst hoher Fallzahlen ausschließlich auf die kumulierten Politbarometer der Forschungsgruppe Wahlen von 1993. Stärker als in den vorangehenden Kapiteln sollen jetzt Parteianhänger, Wähler und Sympathisanten der Rechtsparteien gegenübergestellt werden. Zur Erinnerung: Unter „Anhängern" verstehen wir Personen, die sich längerfristig mit den Republikanern, der DVU oder der NPD identifizieren, unter „Wählern" Befragte, die bei der Wahlsonntagsfrage die Absicht äußern, zugunsten einer der drei Rechtsparteien zu stimmen. Als „Sympathisanten" definieren wir diejenigen Befragten, die auf einer elfstufigen, von -5 bis +5 reichenden Antipathie- bzw. Sympathieskala die Republikaner (für DVU und NPD wurden in den Politbarometern 1993 keine Sympathiewerte gemessen) positiv einstufen, also Werte zwischen +1 und +5 vergeben. Aus Gründen der Übersichtlichkeit und der Platzökonomie werden die Grundinformationen – für Ost und West getrennt – in Form von zwei jeweils zweiteiligen Tabellen wiedergegeben (vgl. Tabellen 5.1 und 5.2).

Es ergeben sich folgende Beziehungen:

(a) Männer stellen rund 70 Prozent der *Anhänger* von DVU, NPD und Republikanern. Dabei ist in den neuen Bundesländern die männliche Dominanz erheblich stärker als im Westen: Über drei Viertel der ostdeutschen Anhänger rechter Parteien sind Männer; im Westen stellen Männer „nur" rund zwei Drittel der Anhänger der Rechtsparteien. Auch unter den *Wählern* der Rechtsparteien finden sich erheblich mehr Männer als Frauen; gesamtdeutsch machen Männer rund zwei Drittel der Wähler und etwas mehr als die Hälfte der *Sympathisanten* aus. Wiederum überwiegen in den neuen Bundesländern Männer bei den Wählern und Sympathisanten erheblich stärker als im Westen. In beiden Teilen der Bundesrepublik tendieren folglich Frauen *auch bei bestehender Sympathie für die Rechtsparteien* viel seltener zur Wahl rechter Gruppierungen oder zur Identifikation mit ihnen als männliche Wahlberechtigte.

(b) Im Schnitt sind die *Anhänger* der drei Rechtsparteien deutlich jünger als die Wahlberechtigten insgesamt. Gesamtdeutsch ist fast die Hälfte von ihnen jünger als 30 Jahre, knapp drei Viertel sind unter 45. Bei allen Wahlberechtigten sind lediglich 22 Prozent unter 30 und nur rund 48 Prozent unter 45. Diese auffällige „Jugendlichkeit" der Anhänger der Rechtsparteien ist im Osten stärker ausgeprägt als im Westen: Knapp 60 Prozent der Anhänger gegenüber nur 19 Prozent aller Wahlberechtigten sind dort unter 30. Im Westen beträgt das Verhältnis von Parteianhängern zur Bevölkerung in dieser Altersgruppe 39 zu 25 Prozent. Als logische Konsequenz sind in beiden Landesteilen, erneut aber im Osten stärker als im Westen, ältere Parteianhänger klar unterrepräsentiert. Im Gegensatz zu den Parteianhängern läßt sich bei *Wählern und Sympathisanten* keine eindeutige Dominanz einer Altersgruppe feststellen. Bei beiden sind die Alterskategorien ähnlich verteilt wie in der Gesamtbevölkerung. Dies ist das Resultat einer klaren Unterrepräsentation der westdeutschen und einer sehr deutlichen Überrepräsentation der ostdeutschen Wähler und Sympathisanten zwischen 18 und 29 Jahren. Entsprechend sind in den neuen Bundesländern Wähler und Sympathisanten der Rechtsparteien, die älter als 60 sind, im Vergleich zur Bevölkerung unterrepräsentiert.

(c) Diese relative Jugendlichkeit der rechten *Anhängerschaft* wirkt sich auch beim Familienstand aus: Nur ein gutes Drittel der Anhänger – gegenüber 60 Prozent der Wahlberechtigten insgesamt – sind verheiratet, fast die Hälfte ist ledig; im Osten sind sogar beinahe 60 Prozent ledig (gegenüber nur 18 Prozent bei den Wahlberechtigten). Dagegen besteht bei den *Wählern und Sympathisanten* der Rechtsparteien zumindest gesamtdeutsch kaum ein Unterschied zur Bevölkerung. Wie die Mehrheit der Wahlberechtigten ist auch eine Mehrheit der Rechtswähler und -sympathisanten verheiratet. Dahinter verbergen sich jedoch wieder beträchtliche Ost-West-Differenzen. Während im Westen Verheiratete und Geschiedene bei den Wählern über- und Ledige sowie Verwitwete unterrepräsentiert sind, verhält es sich im Osten genau umgekehrt. Eine schlüssige Interpretation für diese Diskrepanz zwischen alten und neuen Bundesländern drängt sich nicht auf. Allein auf die unterschiedliche Altersstruktur der Wähler der Rechtsparteien sind die festgestellten Ost-West-Differenzen nicht zurückzuführen.

(d) Besonders auffälig ist das Ungleichverhältnis zwischen *Parteianhängern* und Bevölkerung bei den Bildungsabschlüssen: In beiden Landesteilen weisen nur etwa 10 Prozent der Anhänger der Rechtsparteien einen Gymnasial- oder Oberschulabschluß auf; in der wahlberechtigten Bevölkerung haben hingegen zwischen 25 und 30 Prozent die allgemeine Hochschulreife. Dementsprechend setzt sich die Anhängerschaft der drei Rechtsparteien im Westen vornehmlich aus Personen mit Volks- und Hauptschulabschluß zusammen, im Osten aus Absolventen der zehnklassigen polytechnischen Oberschule. Personen mit niedrigem Bildungsabschluß im Westen und mittlerem Bildungsabschluß im Osten sind mithin unter den Anhängern rechter Parteien weit überrepräsentiert. Vor schnellen Interpretationen sollte man sich allerdings hüten; denn vermutlich kommen diese Ost-West-Differenzen durch Unterschiede der Bildungssysteme vor der Wende und die bildungspolitisch vergleichbare Funktion von Hauptschule im Westen und polytechnischer Oberschule im Osten zustande. Nicht viel anders als bei den Anhängern sieht es bei den *Wählern und Sympathisanten* aus. Volks- und Hauptschulabsolventen stellen gesamtdeutsch fast 60 Prozent der Rechtswähler und sogar mehr als 60 Prozent der Sympathisanten. Damit ist im Verhältnis zur Gesamtzahl aller Wahlberechtigten die niedrigste Bildungskategorie klar überrepräsentiert. Befragte mit Gymnasial- bzw. erweitertem Oberschulabschluß sind dagegen stark unterrepräsentiert. Bei der unteren und mittleren Bildungskategorie tritt dabei wiederum zwischen Ost und West eine Diskrepanz auf: Während es im Westen, der durch sein Bevölkerungsgewicht die gesamtdeutschen Ergebnisse im allgemeinen dominiert, Volks- und Hauptschulabsolventen fast zwei Drittel der Rechtswähler und -sympathisanten stellen, sind es im Osten die mittleren Bildungsabschlüsse, die das Gros der Wähler und Sympathisanten von NPD, DVU und Republikanern ausmachen.

(e) In Bezug auf den Erwerbsstatus weichen *Anhänger* und Bevölkerung erneut relativ stark voneinander ab. Ziemlich genau die Hälfte der Anhänger stehen als Voll- bzw. Teilzeitbeschäftigte oder Kurzarbeiter in einem regulären Arbeitsverhältnis; jeder siebte unter ihnen ist Rentner bzw. Pensionär oder arbeitslos. Damit sind gesamtdeutsch Rentner und Pensionäre unter den Anhängern der Rechtsparteien klar unter-, Arbeitslose dagegen eindeutig überrepräsentiert. Der Ost-West-Vergleich belegt, daß die Unterschiede zur Gesamtzahl aller Wahlberechtigten vor allem auf die in den neuen Bundesländern auftretenden Asymmetrien zwischen Anhängern und Bevölkerung zurückzuführen sind: Jeder fünfte DVU-, NPD- oder Republikaneranhänger ist hier arbeitslos; jeder vierte ist Schüler oder Lehrling. Dagegen sind Rentner und Pensionäre, die hier nur sieben Prozent der Parteianhänger stellen, im Vergleich zur wahlberechtigten Bevölkerung im Osten besonders stark unterrepräsentiert. Knapp 60 Prozent der *Wähler* und gut die Hälfte der *Sympathisanten* von Rechtsparteien waren 1993 voll oder teilweise berufstätig; arbeitslos war jeder Zwanzigste, in Rente oder Pension jeder Vierte. Dies bedeutet, daß zwischen den Wählern, den Sympathisanten und der Gesamtheit aller Wahlberechtigten gesamtdeutsch so gut wie keine Unterschiede bestehen; lediglich Schüler und nicht berufstätige Personen waren leicht unter-, Arbeitslose geringfügig überrepräsentiert. Im Gegensatz zu vielen anderen Merkmalen sind im Falle der Berufstätigkeit auch die Ost-West-Unterschiede nicht allzu dramatisch, was den Vergleich mit der Gesamtbevölkerung angeht. Ost-West-Differenzen bestehen natürlich hinsichtlich des Anteils einzelner Erwerbstätigkeitskategorien: Arbeitslose und Schüler bzw. Lehrlinge sind mit jeweils siebzehn Prozent bei den Wählern und etwa dem gleichen Prozentsatz bei den Sympathisanten in den neuen Bundesländern viel stärker vertreten als im Westen, wo sie nur zwischen vier und sechs Prozent beider Kategorien ausmachen.

(f) Den eigenen Arbeitsplatz als gefährdet betrachtet im Westen jeder dritte, im Osten sogar fast jeder zweite *Anhänger*. Damit sind diejenigen, die Sorge um ihren Arbeitsplatz haben, innerhalb der Anhängerschaft der drei Rechtsparteien klar überrepräsentiert. Nicht viel anders sieht es bei *Wählern und Sympathisanten* aus: Gesamtdeutsch sieht jeweils rund ein Viertel von ihnen den eigenen Arbeitsplatz als gefährdet an, im Osten sind es sogar knapp die Hälfte der Wähler und ein gutes Drittel der Sympathisanten. Damit sind, ähnlich wie bei den Anhängern, wenn auch nicht ganz so stark ausgeprägt, Befragte, die ihren Arbeitsplatz als bedroht wahrnehmen, in beiden Kategorien klar überrepräsentiert.

Tab. 5.1: Soziale Zusammensetzung des Rechtswählerpotentials in den alten Bundesländern (Teil I)

	Wähler	Symp.	Anh.	Bev.
Geschlecht				
Frauen	31	47	36	50
Männer	69	53	64	50
Alter				
18-29	18	24	39	25
30-44	26	21	26	26
45-59	29	26	15	26
60 u.ä.	29	29	19	23
Familienstand				
verheiratet	66	64	40	60
ledig	22	23	38	26
getr./gesch.	9	6	14	5
verwitwet	4	7	8	9
Bildung				
Schüler	0	0	0	1
niedrig	64	67	64	45
mittel	25	25	27	28
hoch	11	9	10	26
Erwerbsstatus				
berufstätig	61	51	55	55
arbeitslos	4	4	10	2
Rente/Pension	25	26	20	22
Schule/Ausbild.	3	6	8	8
nicht berufstätig	7	14	7	12
Arbeitsplatz				
sicher	76	78	69	86
gefährdet	24	22	31	14
Beruf				
Arbeiter	16	17	14	11
Facharbeiter	27	27	37	18
Angestellter	29	37	32	46
Beamter	5	4	3	12
Selbst./Landw.	23	14	15	14
Hausfrauen	0	2	0	2

Tab. 5.2: Soziale Zusammensetzung des Rechtswählerpotentials in den neuen Bundesländern (Teil I)

	Wähler	Symp.	Anh.	Bev.
Geschlecht				
Frauen	24	35	22	52
Männer	76	65	78	48
Alter				
18-29	47	41	59	19
30-44	29	26	25	26
45-59	18	20	11	30
60 u.ä.	6	11	5	25
Familienstand				
verheiratet	45	50	29	64
ledig	44	37	59	18
getr./gesch.	8	10	10	7
verwitwet	3	3	2	11
Bildung				
Schüler	1	2	4	1
niedrig	30	37	27	37
mittel	58	50	59	32
hoch	11	11	10	30
Erwerbsstatus				
berufstätig	50	48	44	46
arbeitslos	17	17	21	13
Rente/Pension	12	16	7	33
Schule/Ausbild.	17	15	26	6
nicht berufstätig	4	4	3	2
Arbeitsplatz				
sicher	54	62	46	62
gefährdet	46	38	54	38
Beruf				
Arbeiter	19	19	19	13
Facharbeiter	50	43	50	29
Angestellter	20	25	15	45
Beamter	3	2	3	3
Selbst./Landw.	4	5	3	6
Hausfrauen	6	7	7	3

(g) Auffällig stark vom Durchschnitt aller Wahlberechtigten weicht die berufliche Zusammensetzung der *Anhänger* ab: Über zwei Drittel der Anhänger der Rechtsparteien in den neuen Bundesländern, aber nur etwas über 40 Prozent aller dort lebenden Wahlberechtigten sind Arbeiter; im Westen machen Arbeiter gut 50 Prozent der Parteianhänger aus, aber nur knapp 30 Prozent der wahlberechtigten Bevölkerung. Dabei handelt es sich in beiden Teilen Deutschlands keineswegs nur um an- und ungelernte Arbeiter, sondern gerade auch um Facharbeiter. Angestellte und Beamte umfassen im Westen ein weiteres Drittel, im Osten hingegen nur ein knappes Fünftel der Parteianhänger. In beiden Teilen Deutschlands, speziell aber im Osten, sind sie im Vergleich zur Gesamtbevölkerung weit unterrepräsentiert. Selbständige und Landwirte schließlich stellen im Westen 15 Prozent, im Osten hingegen nur drei Prozent der Anhänger der Rechtsparteien. Analog verhält es sich mit *Wählern und Sympathisanten*: Knapp die Hälfte der Rechtswähler und immerhin 44 Prozent der Sympathisanten waren 1993 Arbeiter. In den neuen Bundesländern kamen sogar über zwei Drittel der Wähler rechter Parteien aus der Arbeiterschaft. Dies bedeutet eine beträchtliche Überrepräsentation von Arbeitern. Facharbeiter erwiesen sich dabei sogar noch etwas anfälliger als an- und ungelernte Arbeiter, wie Tabelle 5.2 belegt. Überdurchschnittlich anfällig, allerdings bisher nur im Westen, zeigte sich auch die Gruppe der Selbständigen und Landwirte. Als relativ immun hingegen erwiesen sich in West- wie Ostdeutschland die gehobenen und höheren Beamten und die leitenden Angestellten. Aber auch die einfachen und mittleren Angestellten, die rund 35 Prozent der Wahlberechtigten umfassen, sind mit gut 20 Prozent innerhalb der Rechtswähler klar unterrepräsentiert; innerhalb der Sympathisanten sind sie mit 28 Prozent etwas stärker, aber immer noch unterproportional vertreten. Die Wähler und Sympathisanten der Rechtsparteien in der Bundesrepublik werden folglich klar von Arbeitern und Selbständigen dominiert. Gesamtdeutsch stellen diese beiden Sozialgruppen über zwei Drittel und im Osten sogar fast drei Viertel der Wähler sowie einen fast ebenso hohen Anteil der Sympathisanten. In beiden Fällen handelt es sich um subjektiv besonders stark verunsicherte

Gruppen, die sich nicht nur durch eine hohe Arbeitsplatz- bzw. Beschäftigungsunsicherheit, sondern auch durch eine ganze Reihe weiterer Ängste und Vorurteile auszeichnen.

Tab. 5.1: Soziale Zusammensetzung des Rechtswählerpotentials in den alten Bundesländern (Teil II)

	Wähler	Symp.	Anh.	Bev.
Gewerkschaftsmitglied				
selbst und andere	2	3	2	5
selbst	15	15	8	15
andere	11	12	20	11
nein	71	69	71	69
Konfession				
katholisch	38	46	36	43
evangelisch	47	43	43	45
andere	1	2	5	1
keine	14	9	16	11
Kirchgangshäufigkeit				
(fast) jed. Sonntag	11	17	14	20
ab und zu	37	36	21	35
1 mal jährlich.	32	29	29	30
nie	19	18	37	15
Fallzahl (n)	403	955	77	11370

Quelle: Berechnet nach den kumulierten Politbarometern 1993 der Forschungsgruppe Wahlen

(h) Personen, die Mitglied einer Gewerkschaft sind oder in Haushalten mit mindestens einem Gewerkschaftsmitglied leben, stellen im Westen rund 30, im Osten sogar 36 Prozent der rechten *Parteianhänger*. Im Vergleich zur Gesamtheit aller Wahlberechtigten sind sie damit innerhalb der Rechtsanhängerschaft ganz leicht unterrepräsentiert, Nichtmitglieder hingegen schwach überrepräsentiert. Dabei scheint die Tatsache, daß man selbst in einer Gewerkschaft organisiert ist, im Hinblick auf die Identifikation mit den Rechtsparteien stärker immunisierend zu wirken als wenn lediglich andere Haushaltsmitglieder einer Gewerkschaft angehören. Für die Wahl einer Rechtspartei oder die Entscheidung, sie sympathisch zu finden, ist die Mitgliedschaft in einer Gewerkschaft von noch geringerem Einfluß. Knapp ein Drittel der *Wähler und Sympathisanten* rechter Parteien waren 1993 entweder selbst oder über ein anderes Haushaltsmitglied organisatorisch mit einer Gewerkschaft verbunden; bei allen Wahlberechtigten betrug der entsprechende Anteil genau 33 Prozent. Die bei anderen Merkmalen so wichtigen Unterschiede zwischen Ost und West treten hier nicht auf. Von größerer Bedeutung für die Wahl rechter Parteien als die reine Mitgliedschaft scheint die gefühlsmäßige Verbundenheit mit der Gewerkschaftsbewegung zu sein.

Tab. 5.2: Soziale Zusammensetzung des Rechtswählerpotentials in den neuen Bundesländern (Teil II)

	Wähler	Symp.	Anh.	Bev.
Gewerkschaftsmitglied				
selbst und andere	11	14	15	11
selbst	18	15	12	18
andere	9	9	9	10
nein	62	62	64	62
Konfession				
katholisch	3	6	3	6
evangelisch	17	22	15	30
andere	2	2	2	1
keine	78	71	71	63
Kirchgangshäufigkeit				
(fast) jed. Sonntag	8	17	11	14
ab und zu	38	29	21	36
1 mal jährlich.	31	29	42	36
nie	23	26	26	15
Fallzahl (n)	309	725	184	12201

Quelle: Berechnet nach den kumulierten Politbarometern 1993 der Forschungsgruppe Wahlen

(i) Katholiken stellen gesamtdeutsch ein gutes Viertel, im Westen rund ein Drittel und im Osten etwa drei Prozent der rechten *Parteianhänger*. In diesen Zahlen schlägt sich die unterschiedliche Konfessionsstruktur von Ost- und Westdeutschland nieder. Während im Osten weniger als 40 Prozent aller Wahlberechtigten Kirchensteuer zahlen, sind es im Westen noch immer knapp 90 Prozent. In beiden Landesteilen sind Katholiken im Vergleich zu allen Wahlberechtigten innerhalb der Anhängerschaft der rechten Parteien leicht unterrepräsentiert. Die Protestanten umfassen im Westen rund 43, im Osten hingegen nur rund 15 Prozent der rechten Parteianhänger. Damit sind sie im Osten im Vergleich zur Gesamtbevölkerung deutlich, im Westen hingegen nur ganz schwach unterrepräsentiert. Fast 80 Prozent der Parteianhänger in den neuen gegenüber 16 Prozent in den alten Bundesländern gehören keiner Konfessionsgemeinschaft an; in beiden Landesteilen sind die Konfessionslosen im Vergleich zur Gesamtwählerschaft folglich klar überrepräsentiert. Rund drei Viertel der *Rechtswähler* und ein noch etwas größerer Anteil der *Rechtssympathisanten* sind gesamtdeutsch gesehen Mitglied in einer der großen christlichen Religionsgemeinschaften. Allerdings sind wie schon bei den Anhängern die Unterschiede zwischen Ost- und Westdeutschland beträchtlich: In den neuen Bundesländern stellen Konfessionslose über drei Viertel der Wähler und rund 70 Prozent der Sympathisanten rechter Parteien; im Westen hingegen ist nur jeder siebte Rechtswähler konfessionslos, die verbleibenden 85 Prozent gehören der katholischen oder evangelischen Kirche an.

(j) Wichtiger als die bloße Mitgliedschaft in einer Kirche ist für das Verhalten und die Einstellung gegenüber rechten Parteien die Frage, ob man praktizierender Christ ist oder nicht. Als Indikator hierfür steht in den kumulierten Politbarometern der Forschungsgruppe Wahlen die Frage nach der Häufigkeit des Kirchgangs zur Verfügung. Befragte, die selten oder nie zur Kirche gehen, machen unter den *Parteianhängern*, die Mitglied einer Religionsgemeinschaft sind, im Westen mehr als ein Drittel und im Osten ein gutes Viertel aus. Im Vergleich zur Gesamtbevölkerung sind sie unter den Anhängern der rechten

Parteien damit deutlich überrepräsentiert. Dies gilt auch für Personen, die maximal einmal pro Jahr oder seltener zur Kirche gehen. Zusammen mit den nicht praktizierenden Kirchenmitgliedern umfassen sie in beiden Teilen der Bundesrepublik rund zwei Drittel der rechten Parteianhänger, die einer Religionsgemeinschaft angehören. Befragte hingegen, die häufig oder ab und zu zur Kirche gehen, stellen zwar rund ein Drittel der einer Kirche angehörenden rechten Parteianhänger; im Vergleich zu ihrem Anteil an der Wahlbevölkerung sind sie jedoch klar unterrepräsentiert. Analoge Resultate ergeben sich für die *Wähler* rechter Parteien. Zwischen Ost und West bestehen dabei sowohl in der Größenordnung als auch hinsichtlich des Vergleichs zur jeweiligen Bevölkerung keine nennenswerten Differenzen. Bei den *Sympathisanten* dagegen sind die Unterschiede zum Durchschnitt aller Wahlberechtigten gering. Auch hierin unterscheiden sich Ost- und Westdeutschland nur wenig. Die mit Hilfe des Kirchgangs gemessene Verbundenheit mit der Kirche scheint folglich zwar durchaus noch von verhaltenssteuernder, in weitaus geringerem Maße jedoch von meinungsbildender Wirkung zu sein.

Der idealtypische Rechtswähler

Faßt man, analog zu einer oft zitierten Aussage des amerikanischen Soziologen Seymour Martin Lipset über den idealtypischen Wähler der NSDAP, die Ergebnisse der beiden vorangehenden Teilkapitel zur sozialen Zusammensetzung der Gefolgschaft rechtsextremistischer Parteien im wiedervereinigten Deutschland noch einmal zusammen, so läßt sich der idealtypische Wähler dieser Parteien folgendermaßen skizzieren (dabei ist zu beachten, daß es an dieser Stelle um die Stärke der einzelnen sozialen Gruppen innerhalb der Rechtswählerschaft und nicht etwa um die relative Anfälligkeit dieser Gruppen gegenüber den rechten Parteien geht): Bei dem idealtypischen Rechtswähler handelt sich um einen verheirateten Mann über 45, der in einer Klein- oder Mittelstadt lebt, einer christlichen Kirche angehört, aber selten oder nie zur Kirche geht, Volks-

oder Hauptschulabschluß besitzt, als Arbeiter oder einfacher Angestellter in einem festen Arbeitsverhältnis steht, sich (bisher) um seinen Arbeitsplatz nicht unmittelbar sorgt und weder selbst noch über ein anderes Mitglied seines Haushalts mit der Gewerkschaftsbewegung verbunden ist.

Dies ist sozusagen die gesamtdeutsche Ausgabe des idealtypischen Rechtswählers, die schon deswegen dem westlichen Idealtypus fast vollständig entspricht, weil sich bei der Zusammenzählung von alten und neuen Bundesländern der Westen – wie im realen Leben – schon alleine aufgrund seines viermal höheren Bevölkerungsgewichtes gegenüber dem Osten nahezu immer, d.h. bei fast allen Merkmalen, klar durchsetzt.

Der ostdeutsche Idealtypus des Rechtswählers weicht davon deutlich ab. Bei ihm handelt es sich um einen jüngeren, alleine lebenden Mann aus einer eher kleineren Gemeinde, der einen mittleren Schulabschluß aufzuweisen hat, Arbeiter, und zwar öfter Facharbeiter als an- oder ungelernter Arbeiter ist, der seinen Arbeitsplatz häufiger als sein westdeutsches Pendant als gefährdet ansieht, im Gegensatz zu diesem keiner Konfession angehört und außerdem, wie sein Gegenpart aus den alten Bundesländern, kein Gewerkschaftsmitglied ist.

6. Zur Psychographie der Rechtswähler I: Probleme, Sorgen und Einstellungen

Sofort nach den ersten größeren Wahlerfolgen der Republikaner im Jahre 1989 wurden in der Öffentlichkeit zwei konkurrierende Interpretationen über Charakter und Motive der Republikaneranhänger vertreten: Um Protestwähler handele es sich, die gar keine echten Rechten seien, sondern in erster Linie ihren Unwillen über die Bonner Politiker und die politischen Parteien durch die Wahl einer systemkritischen Partei loswerden wollten, so die erste, häufig als verharmlosend kritisierte Interpretationslinie; nein, in Wirklichkeit seien es Rechtsextreme, die unter dem Banner einer nach außen hin sich systemloyal gebenden, im Kern aber unzweifelhaft neofaschistischen Partei wieder einmal zusammengefunden hätten, um das Rad der Geschichte zurückzudrehen, so die zweite, häufiger von linken und linksliberalen Beobachtern vertretene Position. Wir wollen im folgenden versuchen, diese beiden Interpretationsansätze durch einen Blick auf die Einstellungen, Wünsche und Befürchtungen der Rechtswähler zu überprüfen.

Zum Problemhaushalt der Rechtswähler

Die Forschungsgruppe Wahlen fragt seit Jahren in ihren monatlichen Politbarometern mit Hilfe einer offenen Frage danach, welches politische Problem die Wähler als das wichtigste ansehen und welches als „ein weiteres wichtiges". Solche offenen Fragen haben den Vorteil, daß sie spontane Antworten ermöglichen. Die Befragten müssen dabei von sich aus, d. h. ohne die üblichen Antwortvorgaben, äußern, was für sie im Augenblick die beiden drängendsten politischen Probleme sind.

Generell wiesen im Jahre 1993 die Wähler der Rechtsparteien und die Gesamtheit aller Wahlberechtigten große Ähnlichkeiten in den von ihnen als wichtig angesehenen politischen Problemen auf.

Abb. 6.1: Die von Rechtswählern und den übrigen Wahlberechtigten während des Jahres 1993 genannten wichtigsten Probleme

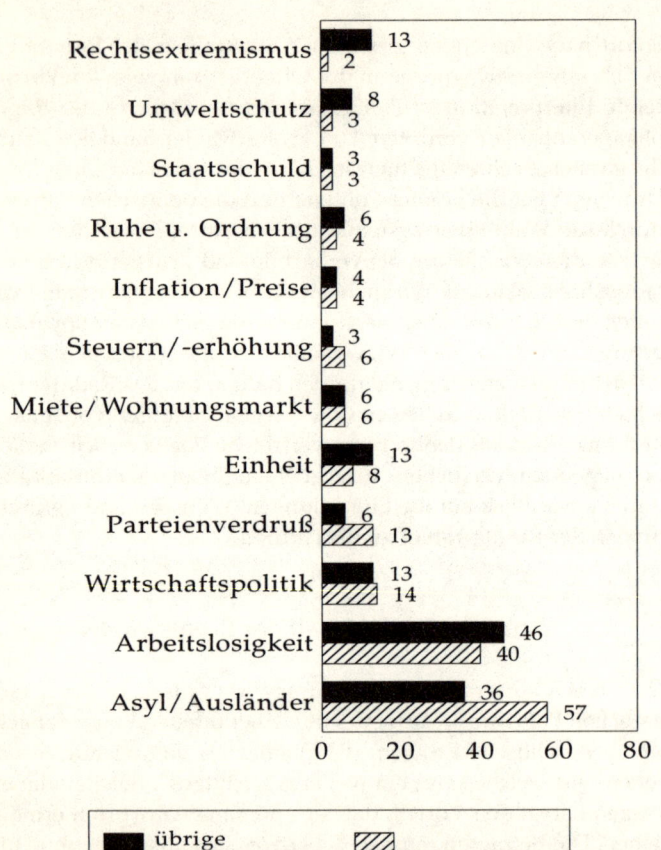

Quelle: Kumulierte Politbarometer 1993 der Forschungsgruppe Wahlen. Antworten auf offene Frage nach dem derzeit wichtigsten bzw. zweitwichtigsten Problem. Angaben: Anteil der Rechtswähler und übrigen Wahlberechtigten, die das angegebene Problem nannten.

Größere Unterschiede gab es lediglich hinsichtlich der Problemfelder „Asyl und Ausländer", „Parteien- und Politikerverdrossenheit" und „Rechtsextremismus". Die Asyl- und Ausländerpolitik wurde im Durchschnitt des Jahres 1993 von 57 Prozent der Rechtswähler, aber nur von 36 Prozent der Gesamtbevölkerung als das wichtigste oder zweitwichtigste Problem genannt; Antworten, die sich unter die Kategorie „Parteien- oder Politikerverdrossenheit" einordnen lassen, wurden von 13 Prozent der Rechtswähler und von sechs Prozent der anderen Wahlberechtigten gegeben; die Bekämpfung des Rechtsextremismus wurde von nur 2 Prozent der Rechtswähler, aber von 13 Prozent der Bevölkerung insgesamt als vordringlich angesehen. Etwas weniger häufig als die anderen Wahlberechtigten nannten die Wähler der Rechtsparteien die Themen „Umweltschutz", „Ruhe und Ordnung", „Probleme der Einheit" und „Arbeitslosigkeit" (vgl. Abbildung 6.1).

Bei einigen Themen bestehen zwischen den neuen und den alten Bundesländern erhebliche Differenzen. Dies ist ohne Zweifel ein Ergebnis der unterschiedlichen wirtschaftlichen Lage in Ost- und Westdeutschland. So ist schon Anfang 1993 in den neuen Bundesländern die Arbeitslosigkeit sowohl bei Rechtswählern als auch bei den anderen Wahlberechtigten das Thema Nummer eins, das mit weitem Abstand vor allen übrigen Problemgebieten genannt wird. An zweiter Stelle liegt im Osten mit rund 35 Prozent bei den Wählern der Rechtsparteien das Thema „Ausländer und Asyl"; bei der Gesamtbevölkerung oder besser: allen Wahlberechtigten der neuen Bundesländer entfallen nur knapp 15 Prozent der Nennungen auf dieses Thema; damit liegt es in etwa gleichauf mit den Problembereichen „Wirtschaftsaufschwung und Wirtschaftspolitik", „Ruhe und Ordnung", „Inflation und Preise", „Fragen der Einheit" und „Rechtsextremismus". Mit anderen Worten: Im Osten lagen im Unterschied zum Westen wirtschaftliche Themen bereits während des ganzen Jahres 1993 mit weitem Abstand vor den anderen Problembereichen.

Im Verlauf des Jahres 1993 fand dann, verstärkt etwa seit Jahresmitte, auch im Westen eine Verschiebung in der Rangfolge der als wichtig erachteten Themen statt: das Problemfeld

„Ausländer/Asyl" verlor an Bedeutung. An seiner Stelle wurde immer häufiger das Thema „Arbeitslosigkeit" genannt. Es ist auch heute, im März 1994, das mit Abstand meistgenannte Problem, und zwar nicht nur bei der Gesamtbevölkerung, sondern mittlerweile auch bei den Rechtswählern. Allerdings ist bei diesen das Ausländerthema nach wie vor von sehr hoher Bedeutung. Der Rückgang der Wichtigkeit des Ausländer- und Asylthemas erfolgte vermutlich aus zwei Gründen: einmal nahm angesichts der sich verschärfenden Konjunkturkrise im Westen und der langandauernden Strukturkrise im Osten die objektive Bedeutung des Problems „Arbeitslosigkeit" erheblich zu; zum anderen verschwand das Ausländer- und Asylthema nach der mühevollen Einigung in der Asylpolitik und der dazu notwendigen Grundgesetzänderung sehr schnell aus den Schlagzeilen und damit aus dem öffentlichen Bewußtsein, und das, obwohl zunächst noch rund zwei Drittel der Bevölkerung der Ansicht waren, die Gesetzesänderung werde eher keine Wirkung zeigen.

Als Fazit können wir festhalten, daß Rechtswähler sehr viel häufiger als andere Wahlberechtigte die Themen „Ausländer und Asyl" und „Politik- und Parteienverdrossenheit" als wichtigste Problemfelder der Politik bezeichnen. Wir wollen im folgenden nachprüfen, was diese Faktoren, neben anderen, ebenfalls wichtigen Einstellungsdimensionen, zur Erklärung der Rechtswahl beitragen.

Ausländer/Asyl

Das Problemfeld „Ausländer/Asyl" hat zwar in den Augen der Bevölkerung während des Jahres 1993 an Bedeutung verloren. Dennoch ist es nach wie vor für viele von großer Bedeutung. Das belegen Umfrageergebnisse aus dem Februar 1994, als 50 Prozent aller Befragten und sogar ganze 95 Prozent der Republikanerwähler „große Sorgen" über „das Ausländerproblem" äußerten. Von den Umfrageinstituten ist die Haltung gegenüber Ausländern, Asylbewerbern und Übersiedlern nach den pogromartigen Ausschreitungen von Hoyerswerda und

Rostock und den Mordanschlägen von Mölln und Solingen durch eine Vielzahl von Fragen zu erfassen versucht worden. Wir können im Rahmen dieser Untersuchung davon nur einige herausgreifen. Sie zeigen alle einen klaren, eindeutigen Zusammenhang zwischen der Ablehnung von Ausländern, der Angst vor Überfremdung und der Sorge vor einem weiteren Zustrom von Asylbewerbern auf der einen und der Affinität zu den Rechtsparteien auf der anderen Seite. Dies ist wenig verwunderlich, denn die Angst vor dem Fremden, die Ablehnung von nicht zur eigenen Gruppe Gehörenden und die Feindschaft gegenüber Ausländern sind geradezu klassische Elemente des modernen Rechtsextremismus, der sich darin aber nicht erschöpft und natürlich auch nicht alleine dadurch definiert wird. So gut wie alle Rechtsextreme weisen jedoch Züge von Fremdenfeindlichkeit auf. Von ihren Führern wird das Thema Ausländer und Immigranten denn auch immer wieder in Wahlkampfreden und öffentlichen Äußerungen instrumentalisiert; sie unterstellen bei ihren Anhängern nicht ohne Grund fremdenfeindliche Haltungen. Andererseits ist nicht jeder, der sich um den Zustrom von Asylbewerbern sorgt und deshalb die Einwanderung erschweren möchte, automatisch ein Rechtsextremer.

Die Zusammenhänge sind klar und deutlich: Acht Prozent derer, die meinen, in der Bundesrepublik lebten zuviele Ausländer, wollten 1993 für eine Rechtspartei stimmen (etwas mehr als die Hälfte der Bevölkerung ist dieser Ansicht); dagegen lag der Prozentsatz der Rechtswähler bei denjenigen, die glaubten, die Zahl der hierzulande lebenden Ausländer sei gerade richtig, bei nur zwei Prozent (es handelt sich dabei um gut ein Drittel der Bevölkerung); von den fünf Prozent der Bevölkerung schließlich, die äußerten, es könnten ruhig noch mehr Ausländer werden, wollte sogar nur ein Prozent rechts wählen (vgl. Tabelle 6.1). Ganz ähnlich sieht die Verteilung hinsichtlich der Einstellung zur Asylpolitik aus: 57 Prozent der Wahlberechtigten meinten im Frühjahr 1993, ein „Stop des Asylantenstroms" sei eine vordringliche politische Aufgabe; die Rechtsparteien wollten innerhalb dieser Meinungsgruppe rund acht Prozent wählen.

Tab. 6.1: Die Rechtswahl nach Aussagen zum Problemfeld Ausländer/Asyl

	Rechts- wähler	N
In letzter Zeit wird viel über das Ausländerthema diskutiert: Gibt es Ihrer Meinung nach in der Bundesrepublik ...		
zu viele Ausländer	8	1710
Ausländer in richtiger Zahl oder	2	1129
können ruhig noch mehr kommen?	1	196
Wichtigkeit der Aufgabe „Den Asylantenstrom stoppen"		
unwichtig / weniger wichtig	1	500
wichtig	1	805
sehr wichtig	8	1739
Sind Sie darüber besorgt, daß die Bundesrepublik durch zu viele Ausländer überfremdet wird ?		
überhaupt nicht besorgt	1	695
etwas besorgt	3	1186
sehr besorgt	10	1149
Sind Sie darüber besorgt, daß die Bundesrepublik von Asylanten ausgenutzt wird ?		
überhaupt nicht besorgt	1	358
etwas besorgt	3	848
sehr besorgt	9	1259
Was ist Ihrer Meinung nach die zutreffende Bezeichnung für die Ausländer, die hier in der Bundesrepublik leben:		
sind es Mitbürger oder	2	1497
sind es Gäste oder	6	712
sind es Fremde ?	11	686
Ausländer sollten grundsätzlich ihre Ehepartner unter ihren eigenen Landsleuten wählen		
lehne völlig ab	0	685
stimme völlig zu	16	182

Dagegen lag der Anteil der Rechtswähler bei denjenigen, die es nur als „wichtig" oder „weniger wichtig" bzw. als „unwichtig" ansahen, den „Asylantenstrom" zu stoppen, unter einem Prozent.

Ein sehr viel zentralerer Bestandteil des Rechtsextremismus als die Sorge um die Zahl der in Deutschland lebenden Ausländer und den Zustrom von Asylbewerbern ist die Angst vor Überfremdung. Hiermit können sich bereits ethnische Bedrohungsgefühle, ja Bezüge zu völkischen Denkmustern verbinden. Der Zusammenhang mit der Rechtswahl ist bei der Überfremdungsfrage in der Tat etwas stärker ausgeprägt. Das gute Drittel der Wahlberechtigten, das sehr besorgt über die Gefahr einer Überfremdung durch zuviele Ausländer war, wollte zu etwa zehn Prozent rechts wählen; die etwa gleich große Gruppe der „etwas" Besorgten dagegen nur zu 3 Prozent und das Viertel der Bevölkerung, das sich darüber „überhaupt nicht besorgt" zeigte, sogar nur zu einem Prozent.

Von noch größerer Unterscheidungskraft zeigt sich eine Frage, die den Status der in Deutschland lebenden Ausländer thematisiert. Rund die Hälfte der Bevölkerung bezeichnet sie als „Mitbürger", ein knappes Viertel als „Gäste" und ein weiteres knappes Viertel als „Fremde". Von denen, die sie als „Mitbürger" ansahen, d.h. wohl als Personen mit gleichen Rechten und Pflichten, wollten zwei Prozent für eine der drei Rechtsparteien stimmen; unter denen, die sie als „Gäste" betrachteten, also vermutlich als Menschen, denen man zwar freundlich begegnet, die aber nur vorübergehend anwesend sind, betrug der Rechtswähleranteil sechs Prozent; Befragte schließlich, welche die in Deutschland lebenden Ausländer in erster Linie als Fremde betrachteten, also als Menschen, mit denen man zwar kurze Zeit zusammen ist, mit denen man aber nichts zu tun hat (und wohl auch nichts zu tun haben will), wollten 1993 immerhin zu elf Prozent für die Rechtsparteien stimmen.

Eine weitere Steigerung dürfte die sehr hart formulierte Aussage darstellen, den in der Bundesrepublik lebenden Ausländern sollte die Heirat lediglich mit ihren eigenen Landsleuten gestattet werden. Eine solche Aussage hat geradezu Anklänge an Apartheid und die Nürnberger Gesetze. Dennoch stimmten fast zehn Prozent der Befragten dieser Aussage im Februar 1994 „völlig zu". Von diesen wollten – bei einer stark gesunkenen Wahlabsicht zugunsten der Republikaner von nur noch gut drei Prozent – immerhin rund 16 Prozent bei kommenden Bundestagswahlen den Republikanern die Stimme geben. Nebenbei gesagt: Von den Republikanerwählern stimmte knapp die Hälfte dieser Aussage „völlig zu", etwa zwei Drittel von ihnen pflichteten der Aussage grundsätzlich bei!

Abb. 6.2: Die Überlagerung des Einflusses verschiedener Indikatoren des Gefühls der Bedrohung durch Ausländer und Asylbewerber auf die Wahl rechter Parteien

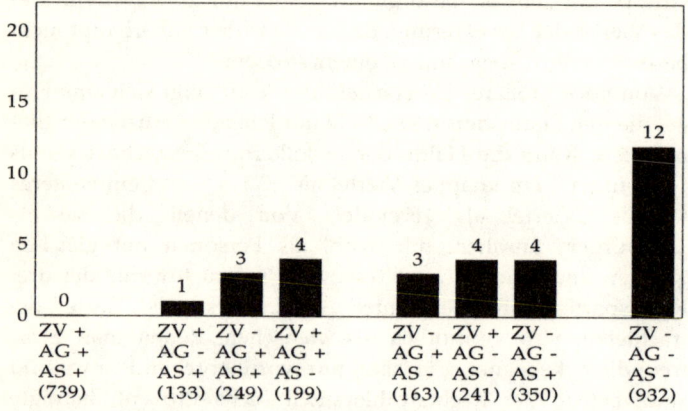

Quelle: Bevölkerungsumfrage der Konrad-Adenauer-Stiftung vom Frühjahr 1993
Anm.: ZV: nicht zuviele Ausländer (+) bzw. zuviele Ausländer (-); AG: BRD wird nicht ausgenutzt (+) bzw. BRD wird ausgenutzt (-); AS: Asylantenstrom sollte nicht gestoppt werden (+) bzw. sollte gestoppt werden (-).

Es ist zu erwarten, daß der Einfluß auf das Wahlverhalten umso stärker ist, je mehr sich die einzelnen Einstellungen decken. Denn dann wächst die Wahrscheinlichkeit, daß sich hinter ihnen eine konsistente, in sich geschlossene Haltung gegenüber Ausländern verbirgt. Abbildung 6.2 stellt den Versuch dar, die positive und negative Überlagerung von Einstellungen gegenüber Ausländern und Asylbewerbern anhand der Kombination dreier Fragen abzubilden: ob es zuviele Ausländer in der Bundesrepublik gibt oder nicht; ob man Sorgen darüber hat, daß Deutschland von Asylbewerbern ausgenutzt wird; und ob es eine vordringliche Aufgabe der Politik ist, den „Asylantenstrom" zu stoppen. Die dabei auftretenden Zusammenhänge sind recht deutlich, wobei für uns vor allem die beiden Extrempositionen von Interesse sind, nämlich zum einen die 31 Prozent der Befragten, die auf alle drei Fragen eine positive Antwort geben und mit rund 12 Prozent dazu tendieren, rechts zu wählen; zum anderen das Viertel der Befragten, das keiner der drei Aussagen zustimmt; hier finden sich so gut wie keine Rechtswähler.

Wir können festhalten: Personen, die Angst haben vor der Zahl der in Deutschland lebenden Ausländer und dem Zustrom der Asylbewerber, die fürchten, durch die Zuwanderer „überfremdet" zu werden, die in Ausländern, welche in Deutschland leben, nicht Mitbürger, sondern Fremde sehen, die ihnen im Extremfall sogar nur die Heirat mit den eigenen Landsleuten gestatten wollen, tendieren stärker als der Durchschnitt und um ein Vielfaches häufiger als Befragte, die bei der jeweiligen Frage die Gegenposition einnehmen, zur Wahl rechter Parteien. Je „härter" eine Frage oder Aussage formuliert ist, desto stärker scheint dabei der Einfluß der damit gemessenen Einstellung auf die Wahlabsicht zu sein. Ein konsistent ausländerkritisches oder -feindliches Weltbild, das wir durch die Überlagerung mehrerer einschlägiger Fragen zu messen versucht haben, führt gegenüber dem Bevölkerungsdurchschnitt zu einer Verdoppelung der Rechtsstimmen, eine inkonsistente Haltung gegenüber Ausländern und Asylbewerbern zu einer Senkung der Affinität zu Rechtsparteien; eine durchgängige Verneinung der einzelnen Fragen bzw. die Ablehnung aller negativen Äußerungen über Ausländer und Asylbewerber führt endlich zu einer nahezu völligen Abwesenheit von Rechtswahltendenzen.

Das Gefühl sozialer Benachteiligung

Die Klage, die Gesellschaftsordnung der Bundesrepublik sei ungerecht und man selbst gehöre darin zu den Zukurzgekommenen, taucht bei den spontan genannten Problemen nicht auf. Das ist verständlich, da es sich dabei nicht um ein kurzfristig aktuelles, für die Tagespolitik bedeutsames Thema handelt, und nur nach diesen wird in den offenen Fragen der Politbarometer gefragt.

Falls aber die Modernisierungsverliererthese zutrifft, sollte das Gefühl, am unteren Ende der Gesellschaftspyramide zu stehen, mit der Entwicklung nicht Schritt halten zu können und daher sozial und wirtschaftlich keine rosige Zukunft zu haben, durchaus ein wichtiger Einflußfaktor der Rechtswahl sein. In den von uns ausgewerteten Umfragen wird dieses Gefühl durch einige Indikatoren erfaßt, z.B. durch die Frage, ob es in unserer Gesellschaftsordnung eher gerecht oder eher ungerecht zugehe, ob man sich darin bevorzugt oder benachteiligt fühle und ob man hinsichtlich seiner Situation für die Zukunft eher eine Verbesserung oder eher eine Verschlechterung erwarte (vgl. Tabelle 6.2).

Sämtliche in den drei ausgewerteten Umfragen enthaltenen Indikatoren weisen in die gleiche Richtung: Befragte, die das Gesellschaftssystem der Bundesrepublik eher als ungerecht empfinden, tendieren weitaus häufiger als der Durchschnitt aller Wahlberechtigten zur Wahl rechter Parteien; dies gilt auch für Personen, die sich als benachteiligt ansehen, die hinsichtlich ihrer eigenen Situation für die Zukunft eher eine Verschlechterung als eine Verbesserung erwarten, die meinen, im Vergleich zu anderen gehe es ihnen besonders schlecht und die für die Zukunft eine weitere Verschlechterung ihrer wirtschaftlichen Lage erwarten. Sie tun dies um ein Vielfaches häufiger als Befragte, welche die jeweils andere Extremposition dieser Einstellungen besetzt halten.

Tab. 6.2: Die Rechtswahl nach der subjektiv wahrgenommenen Benachteiligung

	Rechts-wähler	N
Was halten Sie von unserer Gesellschaftsordnung?		
Geht es da im großen und ganzen eher gerecht zu oder	2	654
geht es da im großen und ganzen eher ungerecht zu?	9	1123
Unabhängig davon, wie gerecht es in einer Gesellschaft zugeht, gibt es bevorzugte und benachteiligte Menschen oder Bevölkerungsgruppen. Was meinen Sie, gehören Sie selbst zu den Menschen oder einer Bevölkerungsgruppe,		
die eher bevorzugt wird,	3	401
die weder benachteiligt noch bevorzugt wird, oder	4	1940
die in unserer Gesellschaft eher benachteiligt wird.	10	706
Und wie wird das zukünftig für Sie sein? Wird sich da ihre Situation		
eher verbessern,	5	288
wird sich daran nichts Wesentliches ändern, oder	4	1871
wird sie sich eher verschlechtern?	8	518
Wie beurteilen Sie Ihre eigene wirtschaftliche Lage?		
Sehr gut, gut	1	812
teils-teils	3	982
schlecht, sehr schlecht	8	262
Die Wirtschaft steckt in einer Krise und der Staat belastet seine Bürger stärker als früher. Was ist ihr Eindruck:		
sind Sie persönlich davon stärker betroffen als die meisten anderen,	2	341
etwa in gleichem Maße oder	2	1310
nicht so stark betroffen wie die meisten anderen?	7	406

Abb. 6.3: Die Überlagerung des Einflusses verschiedener Indikatoren des Gefühls der Benachteiligung auf die Wahl rechtsextremer Parteien

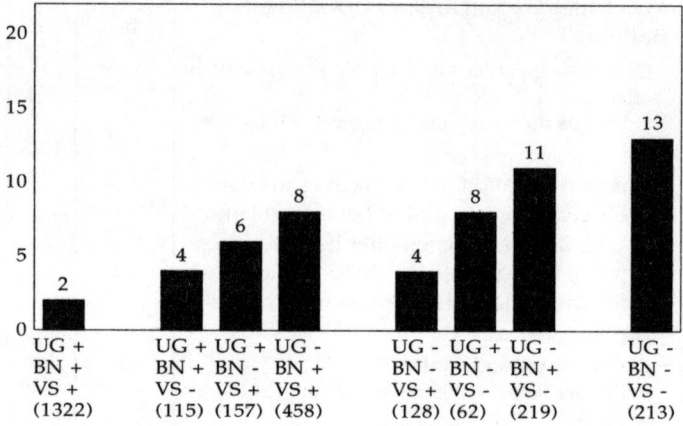

Quelle: Bevölkerungsumfrage der Konrad-Adenauer-Stiftung vom Frühjahr 1993.
Anm: UG: Gesellschaft gerecht (+) bzw. ungerecht (-);
BN: Gefühl, nicht benachteiligt zu sein (+) bzw. benachteiligt zu sein; VS: Verschlechterung nicht zu erwarten (+) bzw. zu erwarten.

Auch hier bringt die Kombination verschiedener Merkmale den Einfluß des Faktors „soziale Benachteiligung" noch klarer zum Vorschein als die Einzelindikatoren: 13 Prozent derer, die das Gesellschaftssystem der Bundesrepublik als eher ungerecht empfinden und gleichzeitig das Gefühl haben, selbst zu den Benachteiligten zu gehören, und obendrein noch eine weitere Verschlechterung ihrer Lage erwarten, tendierten 1993 zur Wahl rechter Parteien. Diese Gruppe der (subjektiv) Zukurzgekommenen umfaßt etwa acht Prozent aller Wahlberechtigten. Weitere 15 Prozent können als (wiederum subjektiv) zumindest teilweise benachteiligt eingestuft werden; ihre Affinität zu den Rechtsparteien entspricht dem Bevölkerungsdurchschnitt. Die

Gegengruppe umfaßt rund 50 Prozent der Wahlberechtigten. Sie besteht aus Personen, die unsere Gesellschaftsordnung eher als gerecht betrachten, sich nicht benachteiligt fühlen und auch keine Verschlechterung ihrer Situation erwarten. Von dieser Gruppe wollten im Frühjahr 1993 nur zwei Prozent rechts wählen (vgl. Abbildung 6.3).

Wir können somit festhalten, daß die Wahl von Rechtsparteien nicht nur durch Ausländerangst, sondern auch durch das Gefühl sozialer Benachteiligung beeinflußt wird. Sollten sich mehr Menschen als bisher gesellschaftlich an den Rand gedrängt fühlen, wird der während des vergangenen dreiviertel Jahres gesunkene Stimmenanteil rechter Parteien wahrscheinlich wieder anwachsen. Durch eine Verlängerung und eventuelle Verschärfung der gegenwärtigen Wirtschaftskrise, aber auch durch eine andauernde Abkoppelung Ostdeutschlands von der allgemeinen Entwicklung wird dieses Gefühl sozialer Benachteiligung und wirtschaftlichen Zurückbleibens durchaus gefördert werden.

Politikverdrossenheit

Das Aufkommen der Republikaner wurde in der Öffentlichkeit vielfach als Resultat eines gewissen Überdrusses der Wähler an den politischen Parteien und ihren Repräsentanten gedeutet. Mit der Modernisierungsverliererthese zu vereinbaren wäre diese Interpretation dann, wenn es sich vor allem um einen Protest der Zukurzgekommenen handelte, was er nicht ist, wie die von uns ausgewerteten Umfragen zeigen. Zu überprüfen ist zunächst, ob Unzufriedenheit mit der Regierung und der Opposition, der politischen Klasse und dem politischen System zu erhöhten Rechtswähleranteilen führt.

Auch für den Faktor „Parteien- und Politikerverdrossenheit" finden sich in den für die Zwecke dieses Buches ausgewerteten Umfragen mehrere, sich teilweise überschneidende Indikatoren. Tabelle 6.3 belegt, daß Rechtswahl überdurchschnittlich häufig auftritt bei Befragten,

Tab. 6.3: Die Rechtswahl nach der Politikverdrossenheit

	Rechts-wähler	N
Sind Sie mit den Leistungen der Bundesregierung eher zufrieden oder eher unzufrieden?		
eher zufrieden	2	3554
eher unzufrieden	7	5575
Und wie zufrieden oder unzufrieden sind Sie mit den Leistungen der Opposition in Bonn		
eher zufrieden	2	4328
eher unzufrieden	8	4001
Was würden Sie allgemein zur Demokratie in Deutschland sagen? Sind Sie damit...		
eher zufrieden oder	3	4686
eher unzufrieden?	7	3689
Glauben Sie, daß heute bei uns in Deutschland im großen und ganzen die richtigen Leute ...		
in den führenden Positionen sind, oder	2	1300
glauben Sie das nicht?	5	3001
Wieviel Vertrauen haben Sie zu den Parteien?		
volles Vertrauen	0	140
kein Vertrauen	6	645
Politiker kümmern sich nicht darum, was einfache Leute denken.		
trifft überhaupt nicht /etwas zu	0	503
trifft voll und ganz zu	6	833
Politik ist ein schmutziges Geschäft.		
trifft überhaupt nicht zu	0	133
trifft voll und ganz zu	6	513
Es wäre besser, wenn über wichtige Dinge Experten entscheiden würden und nicht Politiker		
trifft überhaupt nicht zu	0	72
trifft voll und ganz zu	5	815
Wie oft haben Sie das Gefühl, die Politik versage in entscheidenden Fragen?		
manchmal / selten / nie	2	1215
dauernd	16	357

- die mit der Regierung oder der Opposition unzufrieden sind,
- die mit der Demokratie und dem politischen System der Bundesrepublik nicht einverstanden sind,
- die glauben, es seien hierzulande nicht die richtigen Leute an den führenden Stellen,
- die in die politischen Parteien keinerlei Vertrauen mehr haben,
- die meinen, daß die Politiker sich nicht um die kleinen Leute kümmern,
- die Politik für ein schmutziges Geschäft halten,
- die der Auffassung sind, daß die Politik in entscheidenden Fragen dauernd versage und
- die daher „voll und ganz" davon überzeugt sind, daß wichtige Entscheidungen von Experten und nicht von Politikern gefällt werden sollten.

Abb. 6.4: Das Vertrauen in staatliche und nicht-staatliche Institutionen bei Wählern, Sympathisanten und Anhängern der Rechtsparteien und der Bevölkerung insgesamt

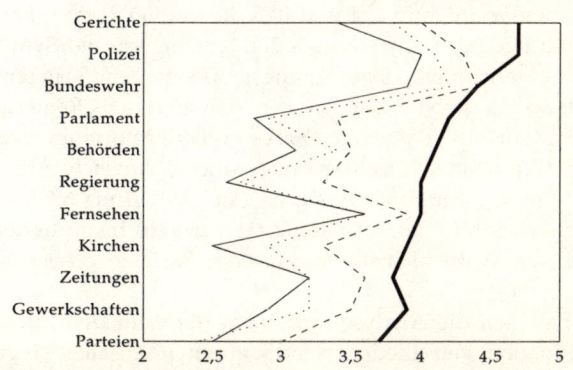

Quelle: Bevölkerungsumfrage der Konrad-Adenauer-Stiftung vom Frühjahr 1993.
Lesehilfe: Mit Ausnahme der Bundeswehr haben die genannten Institutionen bei den Wählern, Anhängern und Sympathisanten der Rechtsparteien ein geringeres Ansehen als bei der Bevölkerung.

Eine weitere Gruppe von Merkmalen, die inhaltlich mit dem Faktor „Parteien- und Politikerverdrossenheit" verbunden sind, beschäftigt sich mit dem Vertrauen, das die Bürger in staatliche und gesellschaftliche Institutionen haben. Dabei wird in Abbildung 6.4 danach gefragt, in welchem Ausmaße die Wahlberechtigten insgesamt sowie die Wähler, Sympathisanten und Anhänger der Rechtsparteien Vertrauen zu den Parlamenten, Regierungen und Gerichten, Gewerkschaften und Parteien etc. haben. Die Siebenpunkteskala, mit der in der Umfrage der Konrad-Adenauer-Stiftung versucht wurde, das Institutionenvertrauen zu erfassen, erstreckt sich von 1 (kein Vertrauen) bis 7 (volles Vertrauen). Je geringer der Skalenwert, den eine Institution erhält, desto geringer ist das von der jeweiligen Befragtengruppe in sie gesetzte Vertrauen; je höher der Skalenwert, desto größer das Vertrauen. Abbildung 6.4 zeigt, daß die Wähler, Anhänger und Sympathisanten von Rechtsparteien immer ein geringeres Vertrauen in die jeweilige Institution haben als die übrigen Wahlberechtigten. Ferner belegt sie, daß der harte Kern der längerfristigen Anhänger im allgemeinen die niedrigsten Vertrauenswerte aufweist und daß die Wähler rechter Parteien eine mittlere Position zwischen den Anhängern und Sympathisanten einnehmen. Das geringste Vertrauen bringen die Rechtswähler neben den Kirchen den Parteien, Regierungen und Parlamenten entgegen. Dieses größere Mißtrauen gegenüber Institutionen läßt sich als ein deutliches Anzeichen für politische Entfremdung interpretieren. Aus Abbildung 6.4 läßt sich im Umkehrschluß auch ablesen, daß geringes Institutionenvertrauen die Wahl rechtsextremistischer Parteien positiv beeinflußt.

Wir wollen die Analyse mit einem Blick auf den Effekt der Kombination verschiedener Indikatoren politischer Unzufriedenheit weiterführen. Die gleichsinnige, positive Überlagerung der Merkmale „Unzufriedenheit mit Regierung und (gleichzeitig) Opposition", „Unzufriedenheit mit Demokratie und politischem System" und „Abwesenheit längerfristiger Parteibindungen" treibt den Rechtswähleranteil auf 19 Prozent (vgl. Abbildung 6.5). Es handelt sich bei dieser Gruppe der durchgängig Unzufriedenen um rund fünf Prozent der Wahlberechtigten. Die Gegengruppe der prinzipiell Zufriedenen, die rund 45 Prozent der Wahlberechtigten umfaßt, wollte nur zu zwei Prozent rechte Parteien wählen.

Abb. 6.5: Die Überlagerung des Einflusses von Unzufriedenheit mit Regierung, Opposition und Demokratie und An- und Abwesenheit von Parteibindungen auf die Wahl rechtsextremer Parteien

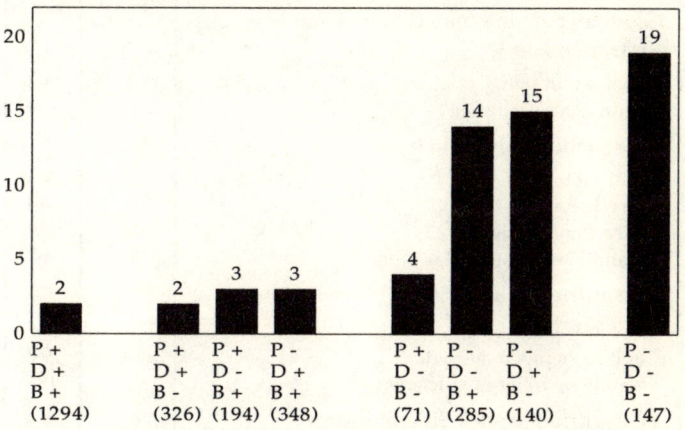

Prozent Rechtswähler innerhalb der jeweiligen Kategorie

Quelle: Bevölkerungsumfrage der Konrad-Adenauer-Stiftung vom Frühjahr 1993.
Anm.: P = Unzufriedenheit mit Regierung und Opposition: (+) zufrieden, (-) unzufrieden; D = Demokratiezufriedenheit: (+) unzufrieden, (-) unzufrieden; B = Parteibindung: (+) Bindung, (-) keine Bindung.

Doch die Entfremdung muß nicht politisch sein. Es mag erstaunen, aber geringes Vertrauen in andere Menschen, Unzufriedenheit mit dem Leben im allgemeinen und dem Familienleben im speziellen sowie die Tatsache, daß man kaum Freunde hat, sie alle erhöhen die Wahrscheinlichkeit, daß man für rechte Parteien stimmt (vgl. Tabelle 6.4).

Faßt man diese Indikatoren zusammen und bildet daraus einen Index der allgemeinen Entfremdung, so zeigen sich sehr klare Zusammenhänge zwischen der Lage der Befragten auf diesem Index und der Wahl rechter Parteien.

Tab. 6.4: Die Rechtswahl nach der allgemeinen Entfremdung

	Rechts- wähler	N
Glauben Sie, daß man den meisten Menschen vertrauen kann?		
kann vertrauen	1	704
kann nicht vertrauen	5	834
Was glauben Sie, haben Sie:		
sehr viele,	3	184
ziemlich viele,	3	949
eher wenige oder	4	439
kaum Freunde und Bekannte	16	59
Wie zufrieden sind Sie mit Ihrem Leben insgesamt?		
völlig/ziemlich zufrieden	3	1589
ziemlich/völlig unzufrieden	7	182
Wie zufrieden sind Sie mit Ihrem Familienleben?		
völlig/ziemlich zufrieden	3	1630
ziemlich/völlig unzufrieden	9	147

Lediglich ein Prozent der schwach entfremdeten Personen neigt zur Republikanerwahl; von den mäßig Entfremdeten sind es drei Prozent, von den stark Entfremdeten dagegen zehn Prozent, womit diese Gruppe 1994 einen über dreimal so hohen Republikaneranteil aufweist wie der Bevölkerungsdurchschnitt (vgl. Abbildung 6.6).

Abb. 6.6: Der Einfluß des Gefühls allgemeiner Entfremdung auf die Wahl rechtsextremer Parteien

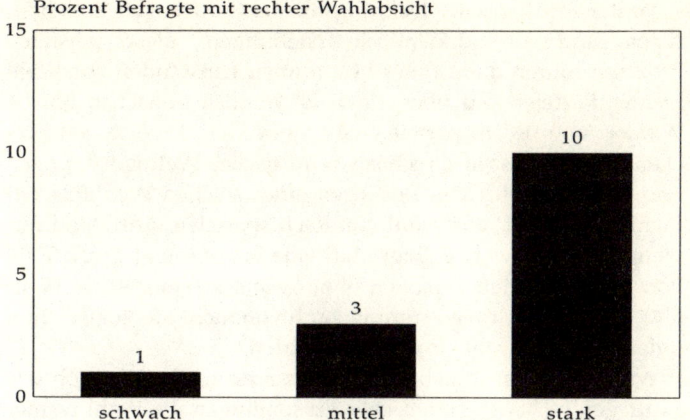

Quelle: Umfrage des EMNID-Instituts vom Februar 1994.

Dispositive Zwischenbemerkung

Die vorstehenden Resultate belegen es: Zwischen politischem Protest und unpolitischer Entfremdung auf der einen und der Wahl rechtsextremer Parteien auf der anderen Seite besteht ein recht klarer Zusammenhang; politische Protesthaltung und Unzufriedenheit in so unpolitischen Bereichen wie dem Familienleben oder dem Leben im allgemeinen führen zu erhöhter Rechtswahl. Damit ist entgegen dem ersten Augenschein jedoch die These keineswegs bestätigt, bei der Wahl rechtsextremer Parteien handele es sich hauptsächlich um unpolitischen oder doch zumindest unideologischen Protest. Denn es ist ja durchaus vorstellbar, daß Protesthaltung und ein rechtsextremistisches Weltbild bei vielen zusammenfallen, daß es sich folglich bei den Wählern rechter Parteien vor allem um ideologisch motivierte Protestwähler oder protestmotivierte Rechtsextreme handelt.

Von der Scheuch-Klingemannschen Modernisierungsopfertheorie ist das auch so vorgesehen: Die Bedrohung durch Modernisierungsprozesse führt zunächst zur Übernahme bestimmter ideologischer Deutungsmuster, zu Denken in Stereotypen und zu Sündenbockvorstellungen; diese geistigen Prozesse führen dann unter bestimmten Umständen zur Wahl rechter Parteien. Zu überprüfen ist folglich zunächst, ob die Wähler von Rechtsparteien über ein der Theorie entsprechendes geschlossenes rechtsextremistisches Weltbild verfügen und ob umgekehrt das Vorliegen eines solchen Weltbilds tatsächlich verstärkt zur Wahl von Rechtsparteien führt. Und nur wenn der Nachweis gelingt, daß eine ausreichend große Zahl von unzufriedenen Personen ohne rechtsextremistisches Weltbild für rechte Parteien stimmt, kann von nicht ideologisch motivierter Protestwahl gesprochen werden.

Wir wollen im folgenden daher zuerst nachprüfen, ob das Vorliegen rechtsextremistischer Einstellungen die Wahl rechter Parteien begünstigt. In einem weiteren Untersuchungsschritt soll dann der kombinierte Einfluß von Rechtsextremismus, Protest und subjektiver Benachteiligung auf die Wahl rechter Parteien analysiert werden.

In den von uns dafür ausgewerteten drei Umfragen finden sich verschiedene Einzelindikatoren, d. h. Fragen oder Behauptungen, die Einzelaspekte rechtsextremistischer Ideologie zu erfassen versuchen; die Befragten sollten dazu Stellung nehmen. Einzelne Aussagen sind jedoch nicht in der Lage, die rechtsextremistische Weltanschauung hinreichend zu erfassen. Personen, die solchen Einzelaussagen zustimmen, müssen daher nicht notwendigerweise als Träger eines geschlossenen rechtsextremistischen Weltbildes gelten. Dies erscheint erst dann möglich, wenn von einem Befragten so gut wie allen oder zumindest einer großen Mehrheit der Aussagen einer gültigen, inhaltlich zutreffenden Rechtsextremismuskala zugestimmt wird. Was die Einzelindikatoren angeht, läßt sich dennoch zeigen, daß die Wahrscheinlichkeit, für rechte Parteien zu stimmen, bei nahezu jeder Frage oder Aussage im Falle der Zustimmung wächst. Später werden wir uns auch mit den Ergebnissen einer von uns entwickelten kompletten Rechtsextremismusskala beschäftigen. Zunächst aber die Resultate der verschiedenen Einzelindikatoren.

Nationalismus und andere Orientierungselemente des Rechtsextremismus

Extremer Nationalismus zählt unbestritten zu den zentralen Definitionselementen des Rechtsextremismus. Er ist allerdings nur einer von mehreren Bestandteilen und daher keinesfalls mit Rechtsextremismus gleichzusetzen. Auch wenn so gut wie alle Rechtsradikalen extreme Nationalisten sind, gilt nicht automatisch der Umkehrschluß: Nicht alle Nationalisten sind notwendigerweise rechtsextrem.

Dennoch besteht ein klarer Zusammenhang zwischen Nationalismus und der Wahl rechter Parteien. Befragte, die „sehr stolz" darauf sind, Deutsche zu sein, tendierten im Frühjahr 1993 mit rund 10 Prozent zur Wahl rechter Parteien; Personen, die nicht oder „überhaupt nicht stolz" darauf sind, dagegen nur zu rund 3 Prozent. Noch etwas stärker ist die Beziehung im Falle eines zweiten Nationalismusindikators: 14 Prozent der Befragten, die meinen, Deutsche sollten „eher mehr Nationalstolz zeigen als bisher" (jeder fünfte Wahlberechtigte ist dieser Ansicht), neigten im Frühjahr 1993 zur Wahl einer Rechtspartei; das knappe Viertel der Wahlberechtigten, das meint, man solle „eher weniger Nationalstolz zeigen als bisher", wollte hingegen nur zu 2 Prozent rechts wählen (vgl. Tabelle 6.5).

Bestenfalls indirekt, und auch dann nur bei einem Teil der Bevölkerung, wird Nationalismus ferner durch Fragen erfaßt, die sich mit der Haltung zur EG und zu den Verträgen von Maastricht beschäftigen. Indirekt und nicht bei allen deshalb, weil man aus vielerlei Gründen gegen die EG und Maastricht sein kann: als Föderalist wegen des Brüsseler Zentralismus, als Ökologe wegen der Verwässerung vieler Umweltgesetze durch gesamteuropäische Kompromisse, als Demokrat wegen der mangelhaften Kontrolle von Europäischer Kommission und Ministerrat durch parlamentarische Gremien, als Ökonom wegen der Gefahr für die Stabilität der Mark im Falle einer schnellen Einführung des ECU als gesamteuropäische Währung.

Tab. 6.5: Die Rechtswahl nach dem Nationalismus und der Haltung zur europäischen Integration

	Rechts-wähler	N
Wie stolz sind Sie darauf Deutsche(r) zu sein. Würden Sie sagen, Sie sind ...		
überhaupt nicht stolz	4	319
nicht sehr stolz	3	753
ziemlich stolz	5	1437
sehr stolz ?	10	526
Was meinen Sie, sollten wir Deutschen ...		
eher weniger Nationalstolz zeigen als bisher	2	717
genausoviel oder	3	1687
mehr Nationalstolz zeigen als bisher ?	14	635
Glauben Sie, daß die Mitgliedschaft in der Europäischen Gemeinschaft – alles in allem gesehen – der deutschen Bevölkerung ...		
eher Vorteile bringt	3	1064
eher Nachteile bringt oder	3	1736
daß sich Vor- und Nachteile ausgleichen	9	2796
Es ist geplant, spätestens bis zum Jahr 1999 in den Staaten der europäischen Gemeinschaft eine gemeinsame Währung einzuführen, den ECU.		
Finden Sie es gut, wenn in Deutschland dann die D-Mark durch eine europäische Währung ersetzt wird, oder	2	486
finden Sie das nicht gut.	6	1260
In den Beschlüssen von Maastricht haben die Länder der EG einen engeren Zusammenschluß vereinbart. Wenn es in Deutschland darüber zu einer Abstimmung käme, ...		
wären Sie dann für die Beschlüsse von Maastricht oder	3	990
wären Sie dagegen ?	9	628

Schließlich kann man auch als überzeugter Deutschnationaler gegen die EG und ihren Ausbau eingestellt sein, weil man einen Verlust an nationaler Souveränität und deutscher Eigenart befürchtet. Angesichts der Vielzahl möglicher Motive wäre eine insgesamt geringere Differenzierungskraft der auf die EG und Maastricht bezogenen Fragen nicht weiter verwunderlich. Doch geht aus Tabelle 6.5 hervor, daß sich unter den Personen, die eher Nachteile im Zusammenhang mit der EG sehen, die gegen Maastricht und die Einführung des ECU sind, rund zwei- bis dreimal soviele Rechtswähler befinden wie bei der jeweils entgegengesetzten Antwortkategorie.

Eine weitere Gruppe von Einzelindikatoren befaßt sich mit der Frage, wie man gegenüber dem Rechtsextremismus und seinen Trägern verfahren solle. Befragte, die Verständnis für rechtsradikale Tendenzen zeigen (es handelt sich dabei um ein gutes Viertel der Bevölkerung), neigen noch im Februar 1994 zu rund 10 Prozent zur Wahl rechter Parteien, Personen hingegen, die kein Verständnis dafür aufbringen, nur zu einem Prozent. Sehr viel extremere Unterschiede zwischen den Antwortkategorien ergeben sich bei der Frage, wie wichtig man die Aufgabe ansehe, den Rechtsextremismus in der Bundesrepublik zu bekämpfen. Nur wenige Befragte, sie stehen für sechs Prozent der Bevölkerung, sind der Auffassung, dies sei „weniger wichtig" oder „unwichtig"; fast jeder Dritte aus dieser Gruppe wollte im Frühjahr 1993 für eine der Rechtsparteien stimmen; in der – zugegeben sehr kleinen – Extremkategorie derer, die das für ganz unwichtig halten, ist sogar nahezu jeder Zweite ein Rechtswähler (vgl. Tabelle 6.6).

Eine dritte Gruppe von Aussagen beschäftigt sich mit der Beurteilung des Nationalsozialismus durch die Wähler. Es handelt sich hierbei um eine sehr wichtige Dimension des rechtsextremen Einstellungssyndroms. Der deutsche Rechtsextremismus nach 1945 neigt zu einem revisionistischen Geschichtsbild, das in seiner extremsten Ausbildung die Judenvernichtung leugnet, in etwas weniger extremen Ausformungen die deutsche Alleinschuld am 2. Weltkrieg bestreitet und in seiner mildesten Form versucht, dem 3. Reich „Gerechtigkeit" zukommen zu lassen, indem vor allem seine „guten Seiten" betont werden; dabei wird zum Beispiel gerne seine erfolgreiche Arbeitsbeschaffungspolitik, die technische Modernisierung oder die Verbesserung der Infrastruktur angeführt. Befragte, die am Nationalsozialismus nicht nur schlechte, sondern auch gute Seiten erkennen, neigen im Februar 1994 zu etwa acht Prozent zur Wahl rechter Parteien; unter denen, die der Aussage, „der Nationalsozialismus hatte auch seine guten Seiten" völlig zustimmen, es handelt sich um knapp fünf Prozent der Wahlberechtigten, liegt der Rechtswähleranteil sogar bei 17 Prozent. Und die Minderheit der Deutschen, die ohne Vorbehalte Hitler als großen Staatsmann einstufen würde, wenn es nur nicht die Judenvernichtung gegeben hätte, will sogar zu 19 Prozent für die Republikaner stimmen (vgl. Abbildung 7.1).

Tab. 6.6: Die Rechtswahl nach einigen weiteren Indikatoren

	Rechtswähler	N
Halten Sie die Aufgabe „Den Rechtsextremismus bekämpfen" für ...		
sehr wichtig	3	2271
wichtig	8	587
weniger wichtig	24	150
unwichtig	46	38
Einstufung der Republikaner auf der Links-Rechts-Achse		
LL	0	79
L	5	31
M	23	89
R	17	221
RR	4	2609
Einstufung der DVU auf der Links-Rechts-Achse		
LL	3	99
L	3	66
M	14	204
R	7	311
RR	4	2288

Dieser Reigen von Indikatoren zu einzelnen Dimensionen des Rechtsextremismus ließe sich weiter fortführen; er brächte jedoch fast immer das gleiche Ergebnis: Personen, die Aussagen zustimmen, die in irgendeiner Weise dem rechtsextremen Einstellungssyndrom zugeordnet werden können, gleichgültig, ob sie sich auf den Antisemitismus, die Volksgemeinschaft oder die Haltung gegenüber einer Diktatur beziehen, tendieren ausnahmslos stärker zu den Republikanern oder anderen Rechtsparteien als Befragte, die derartige Aussagen ablehnen. Da wir uns noch systematischer mit der Frage beschäftigen werden, wie rechtsextrem die Wähler und Anhänger rechter Parteien sind, wollen wir an dieser Stelle nur noch einen weiteren Indikator heranziehen, nämlich die Selbsteinstufung der Befragten auf der Links-Rechts-Skala. Erwartungsgemäß tritt hier ein besonders enger Zusammenhang mit der Rechtswahl auf, wie Abbildung 6.7 belegt.

Abb. 6.7: Die Wahl rechtsextremer Parteien und die Selbsteinstufung der Befragten auf der Links-Rechts-Skala

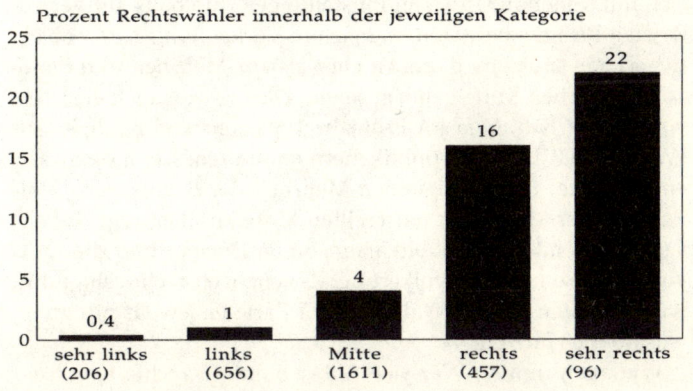

Quelle:	Bevölkerungsumfrage der Konrad-Adenauer-Stiftung vom Frühjahr 1993.
Lesehilfe:	0,4 % derer, die sich auf der elfpoligen Links-Rechts-Skala als sehr weit links einstufen, aber 22 % derer, die sich als sehr weit rechts einstufen, wollten 1993 „rechts" wählen.

Während unter Befragten, die sich links oder in der Mitte des politischen Spektrums einordnen, kaum Rechtswähler zu finden sind, nimmt deren Anteil mit zunehmender Rechtsplazierung stark zu. Von denen, die sich selbst „rechts" oder besser in der „rechten Mitte" der Skala einstufen, wollten 1993 rund 14 Prozent rechts wählen; bei der mit drei Prozent sehr kleinen Minderheit derjenigen, die sich sehr weit rechts einordnen – es handelt sich um die Felder 10 und 11 der elfstufigen Links-Rechts-Skala – waren es 22 Prozent.

Je weiter rechts die Befragten sich selber einordnen, desto höher ist folglich die Neigung zur Wahl rechter Parteien. Das ist nicht verwunderlich, bedarf aber der näheren Erläuterung: Trotz des unübersehbaren Zusammenhangs zwischen Rechtswahl und Selbstplazierung auf der Links-Rechts-Skala stimmt nur eine Minderheit der sich selbst sehr weit rechts definierenden Bürger für rechte Parteien, ein gutes Fünftel. Im Umkehrschluß betrachtet sich auch nur eine ziemlich kleine Minderheit der Rechtswähler, nämlich genau 13 Prozent, als sehr weit rechts stehend. Das ist nur scheinbar paradox, denn man kann sich mit seinen inhaltlichen Einstellungen durchaus auf der äußersten Rechten bewegen und sich in Verkennung seiner objektiven Lage subjektiv dennoch eher als zur Mehrheit und damit zur politischen Mitte gehörig sehen. Dies würde auch erklären, warum die Befragten im Frühjahr 1993 sehr viel häufiger zur Wahl von DVU und Republikanern tendierten, wenn sie diese – entgegen der überwältigenden Mehrheit der Bevölkerung – als Parteien der Mitte oder der rechten Mitte ansahen (vgl. Tabelle 6.6). Während die Republikaner von 86 Prozent und die DVU von 77 Prozent der Bevölkerung als sehr weit rechts eingestuft wurden, taten das die Wähler dieser Parteien jeweils nur zu etwas über 60 Prozent.

Wie auch immer: Wer sich selbst politisch rechts bzw. sehr weit rechts einordnet, tendiert erwartungsgemäß viel stärker zur Wahl rechtsextremer Parteien als der Bevölkerungsdurchschnitt. Wieder lohnt der Blick auf den Einfluß der Überlagerung der verschiedenen in diesem Abschnitt angesprochenen Faktoren.

Abb. 6.8: Die Überlagerung des Einflusses von rechter Selbsteinstufung, Nationalstolz und Ablehnung von Ausländern auf die Wahl rechtsextremer Parteien

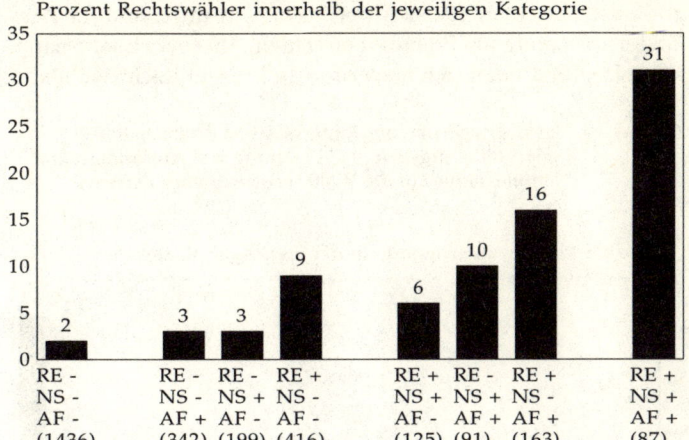

Quelle:	Bevölkerungsumfrage der Konrad-Adenauer-Stiftung vom Frühjahr 1993.
Anm.:	RE = Selbsteinstufung rechts (+) bzw. nicht rechts (-); NS = stolz (+) bzw. nicht stolz (-) Deutscher zu sein; AF = Ausländer sind Fremde (+) bzw. Ausländer sind keine Fremde (-).

Dies soll in zwei Schritten erfolgen. Zunächst wollen wir die Wirkung der Kombination von rechter Selbsteinstufung, Nationalstolz und der Haltung zum Status der in Deutschland lebenden Ausländer untersuchen. Aus Abbildung 6.8 läßt sich ein starker Effekt dieser Merkmalskombination ablesen. Wo keiner der drei Faktoren auftritt, bei Befragten also, die sich nicht rechts einstufen, Ausländer nicht als Fremde betrachten und nicht sehr stolz darauf sind, Deutsche zu sein, beträgt der Rechtswähleranteil zwei Prozent. Wo dagegen alle drei Faktoren zusammen auftreten, also bei Personen, die sich selbst als rechts einstufen, sehr nationalstolz sind und die im Lande lebenden Ausländer als Fremde ansehen, liegt der Rechtswähleranteil bei rund 31 Prozent. Allerdings handelt es sich dabei um eine sehr kleine Gruppe von Personen, die nur ganze drei Prozent aller Wahlberechtigten umfaßt; aber auch in der von der Merkmalskombination her nächst schwächeren Kategorie der Befragten, die sich weit rechts einstufen und die Ausländer im Lande als Fremde betrachten, aber nicht sehr nationalstolz sind, finden sich noch rund 16 Prozent Rechtswähler.

Abb. 6.9: Die Überlagerung des Einflusses von Protesthaltung, Benachteiligungsgefühl, Ablehnung von Ausländern und Nationalismus auf die Wahl rechtsextremer Parteien

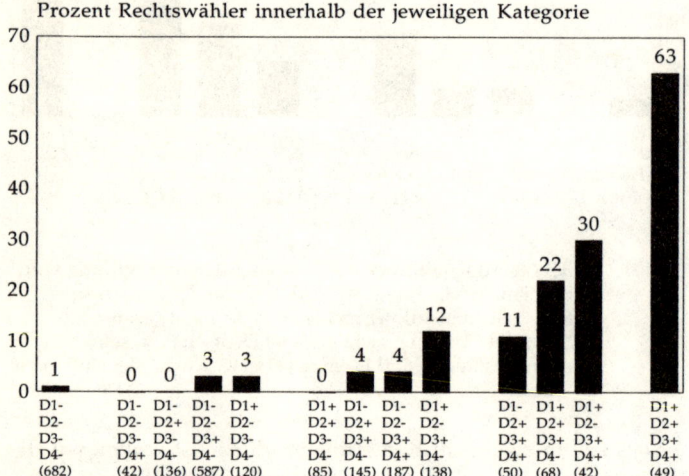

Quelle: Bevölkerungsumfrage der Konrad-Adenauer-Stiftung vom Frühjahr 1993.

Anm.: D1 = Protest (+) Ausprägung stark, (-) Ausprägung schwach; D2 = Benachteiligung (+) stark, (-) schwach; D3 = Ablehnung von Ausländern (+) Ausprägung stark, (-) Ausprägung schwach; D4 = Nationalismus, Rechtseinstufung (+) stark, (-) schwach. Kombinationen mit weniger als 30 Befragten sind nicht aufgeführt.

Eine weitere, sehr starke Steigerung erfährt die Häufigkeit der Rechtswahl, wenn nicht, wie im vorangegangenen Schritt, Einzelindikatoren, die ganze Dimensionen des Syndroms Rechtsextremismus repräsentieren sollen, miteinander kombiniert werden, sondern die in diesem Kapitel behandelten Dimensionen Protesthaltung, soziale Benachteiligung, Ablehnung von Ausländern und Nationalismus selbst. Mit anderen Worten: In Abbildung 6.9 werden die Überlagerungsgrafiken 6.2, 6.3, 6.5 und 6.8, die ja selbst bereits aus der Kombination einzelner Indikatoren bestehen, als ganze nochmals miteinander kombiniert. Wo keine der vier genannten Dimensionen positiv ausgeprägt ist, also bei der Befragtengruppe, die weder zu politischem Protest neigt noch sich sozial benachteiligt fühlt noch Ausländer ablehnt noch eine nationalistische Rechtsorientierung aufweist, liegt der Rechtswähleranteil bei knapp einem Prozent. Diese Bevölkerungsgruppe umfaßt immerhin rund 30 Prozent aller Wahlberechtigten. In der anderen Extremgruppe, den Personen also, die auf allen vier Einstellungsdimensionen hohe Meßwerte aufweisen, d. h. zur Protesthaltung neigen, sich sozial benachteiligt fühlen, Ausländer ablehnen und eine nationalistische Rechtsorientierung aufweisen, liegt der Rechtswähleranteil bei 63 Prozent (!). Allerdings handelt es sich bei dieser Gruppe um ein sehr kleines, gerade einmal zwei Prozent der Wahlberechtigten umfassendes Segment der Bevölkerung. Der lineare Anstieg des Rechtswähleranteils mit zunehmender positiver Überlagerung der vier Dimensionen in Abbildung 6.9 liefert jedoch einen Hinweis darauf, daß es sich nicht um einen statistischen Ausreißer aufgrund zu geringer Fallzahlen handelt.

Wir können anhand der Ergebnisse dieses Kapitels nun schon recht gut die Mechanismen bzw. Einstellungsmuster beschreiben, welche die Wahl rechter Parteien begünstigen: Politischer Protest und unpolitische Entfremdung, das Gefühl sozialer und wirtschaftlicher Benachteiligung, die Ablehnung von Ausländern und die Existenz nationalistischer Rechtsorientierungen tragen, zum Teil sogar recht deutlich, zur Wahl rechtsextremer Parteien bei. Doch erst ihre Überlagerung steigert die Wahrscheinlichkeit der Wahl von Rechtsparteien dramatisch.

7. Zur Psychographie der Rechtswähler II: Protest- oder Überzeugungswahl?

Damit ist aber noch immer nicht die Frage abschließend beantwortet, ob es sich bei den Wählern von DVU, NPD und (vor allem) Republikanern in erster Linie um Protest- oder um Überzeugungswähler handelt. Anders ausgedrückt: Sind die Wähler dieser Parteien oder genauer, die Befragten, die für sie stimmen wollen, weniger ideologisch motivierte als politisch frustrierte Protestierer, die leicht wieder von den anderen Parteien zurückgewonnen werden können? Oder sind es in der Wolle gefärbte „echte" Weltanschauungswähler mit festgefügtem rechtsextremistischen Weltbild, um die sich die Parteien der Mitte umsonst bemühen?

Um dieser Frage nachgehen zu können, haben wir eine eigene Rechtsextremismusskala zusammengestellt, die im Rahmen einer allgemeinen Bevölkerungsumfrage im Februar 1994 einem repräsentativen Querschnitt der Wahlberechtigten vorgelegt wurde. Je zwei Aussagen dieser Skala befassen sich mit „Nationalismus", „Pluralismus und Demokratie", „Haltung gegenüber dem Nationalsozialismus", „Einstellung gegenüber Ausländern" und „Antisemitismus". Jede einzelne dieser Aussagen, zu denen man auf einer siebenstufigen Antwortskala von „stimme völlig zu" bis „lehne völlig ab" Stellung nehmen konnte, trägt, wenn auch in unterschiedlichem Maße, zur Unterscheidung zwischen Rechtswählern und anderen Befragten bei (vgl. Abbildung 7.1 und Tabelle 7.1). Am stärksten differenziert die Aussage „Unter Umständen ist eine Diktatur die bessere Staatsform", am schwächsten, „Ich bin stolz ein Deutscher zu sein". Befragte, die „völlig" der Diktaturaussage zustimmen, neigen zu 24 Prozent zur Wahl der Republikaner (andere Rechtsparteien wurden im Februar 1994 von den Befragten nicht genannt), Personen, die der Nationalstolzaussage „völlig" zustimmen, dagegen nur zu vier Prozent.

Tab. 7.1: Die Zustimmung verschiedener Befragtengruppen zu den Aussagen der Rechtsextremismus-Skala

	REP-Anh.	REP-Wähler	REP-Symp.	Bev.
Nationalstolz und Kollektivdenken				
ich bin stolz ein Deutscher zu sein	1,7	2,1	2,1	3,0
wir sollten endlich wieder Mut zu einem starken Nationalgefühl haben	1,4	1,7	2,8	3,4
Gruppen- und Verbandsinteressen sollten sich bedingungslos dem Allgemeinwohl unterordnen	2,2	2,4	3,3	3,4
Diktatur und Nationalsozialismus				
unter bestimmten Umständen ist eine Diktatur die bessere Staatsform	3,1	3,6	4,0	5,3
der Nationalsozialismus hatte auch seine guten Seiten	2,1	2,6	3,8	5,0
ohne die Judenvernichtung würde man Hitler heute als großen Staatsmann ansehen	2,5	2,9	4,5	5,4
Antisemitismus und Ausländerfeindlichkeit				
die Bundesrepublik ist durch die vielen Ausländer in einem gefährlichen Maße überfremdet	1,4	1,5	3,1	4,0
Ausländer sollten grundsätzlich ihre Ehepartner unter ihren eigenen Landsleuten wählen	2,3	2,5	4,0	4,9
auch heute noch ist der Einfluß der Juden zu groß	2,7	2,8	4,0	4,9
die Juden haben einfach etwas Besonderes und Eigentümliches an sich und passen nicht so recht zu uns	3,3	3,1	4,4	5,2

Anm.: Eintragungen sind die arithmetischen Mittel (1=völlige Zustimmung, 7=völlige Ablehnung) Cronbachs Alpha für die Gesamtskala: 0,88

Wenn man davon ausgeht, daß niemand vollständig ohne Vorurteile ist, und sei es gegen Ostfriesen, Brillenträger, Journalisten oder BMW-Fahrer, muß man damit rechnen, daß die meisten Befragten der einen oder anderen Aussage zustimmen, ohne deswegen gleich „rechtsextrem" zu sein. Aus diesem Grunde interessieren uns weniger die einzelnen Aussagen als vielmehr die Antwortmuster der Befragten über alle Aussagen der Skala hinweg.

Die Skala „Rechtsextremismus" erfaßt zwar ganz gewiß nicht die Gesamtheit rechtsextremistischen Denkens, also das, was wir gelegentlich als „Syndrom Rechtsextremismus" bezeichnet haben. Sie enthält jedoch, wie wir mittels verschiedener Formen der Faktorenanalyse ermitteln konnten, drei elementare Dimensionen rechtsextremen Denkens: Antisemitismus und Ausländerfeindlichkeit, Nationalstolz und antipluralistische Einstellung sowie eine positive Haltung zu Diktatur und Nationalsozialismus. Diese drei Dimensionen sind selbst wieder statistisch so eng miteinander verbunden, die einzelnen Aussagen untereinander so konsistent, daß man tatsächlich der Skala „Rechtsextremismus" auch formale Skalenqualität unterstellen kann.

Von einem geschlossenen rechtsextremen Weltbild wollen wir dann sprechen, wenn mindestens neun von zehn Fragen der Skala von einer Person stark positiv beantwortet werden, wenn diese mit anderen Worten auf allen Dimensionen der Skala eine hohe Ausprägung aufweist. Abbildung 7.2 zeigt den Anteil der Rechtswähler, geordnet nach der Anzahl der Aussagen, denen zugestimmt wurde. Der Zusammenhang zwischen der Zahl der positiv beanworteten Aussagen und der Häufigkeit der Rechtswahl ist von beeindruckender Stetigkeit: Wer keiner der zehn Aussagen zustimmt, das gilt für rund 14 Prozent der Befragten, neigt überhaupt nicht zur Rechtswahl. Von denen, die allen zehn Aussagen zustimmen, tendieren 40 Prozent dazu, bei Bundestagswahlen für die Republikaner zu stimmen, bei neun Aussagen sind es 26 Prozent, bei acht Aussagen elf Prozent etc.

Abb. 7.1: Der Anteil der Rechtswähler unter den Befragten, die den Einzelfragen der Rechtsextremismus-Skala „völlig" zustimmen

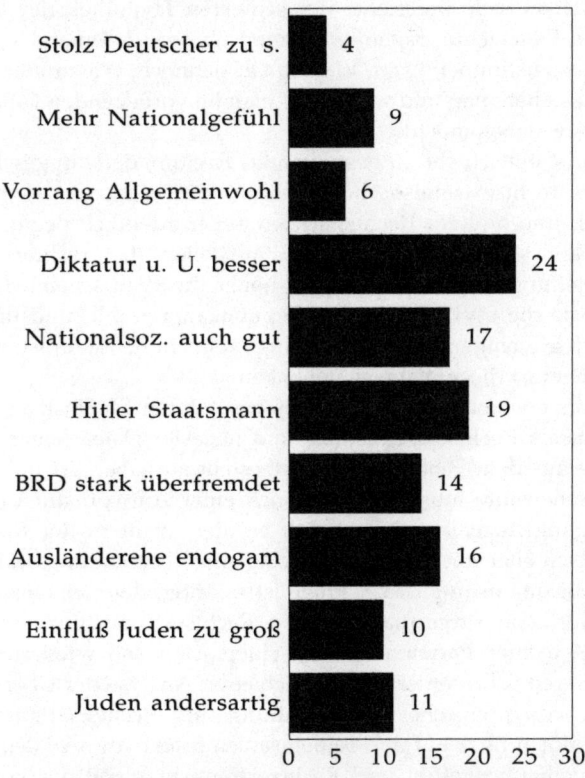

Quelle: Umfrage des EMNID-Instituts vom Februar 1994.

Lesehilfe: 24 % der Befragten, die der Aussage, eine Diktatur sei unter bestimmten Umständen die bessere Staatsform, völlig zustimmten, wollten im Februar 1994 für die Republikaner stimmen.

Tröstlich mag es für manchen Leser erscheinen, daß nur drei Prozent aller Wahlberechtigten sämtlichen Aussagen der Skala beipflichten und überhaupt nur ein Viertel sechs oder mehr Aussagen. Andererseits handelt es sich um teilweise recht kräftig formulierte Behauptungen. Bei zumindest einigen von ihnen muß man sich angesichts der schweren Hypothek der deutschen Geschichte fragen, wie ihnen überhaupt jemand vorbehaltlos zustimmen kann. Viele tun es dennoch. Wie immer man dazu stehen mag und wo immer man im vorliegenden Falle die Grenze ziehen möchte:

Es ist ein schwer zu bestreitendes Faktum, daß ein geschlossenes rechtsextremistisches Weltbild die Wahl der Republikaner und anderer Rechtsparteien außerordentlich begünstigt. Es läßt sich daher die Regel aufstellen: Je „rechter" die Einstellung einer Person, desto höher die Wahrscheinlichkeit, daß sie die DVU, NPD oder Republikaner wählt, und umgekehrt, je weniger rechtsextrem eingestellt ein Befragter ist, desto geringer ist diese Wahrscheinlichkeit.

Dies nochmals mit Hilfe eines besonderen Meßinstruments, der Skala Rechtsextremismus, und neuester Daten, einer Umfrage aus dem Februar 1994, festgestellt zu haben, ist nur eine Zwischenstufe auf der Suche nach einer Antwort auf unsere Ausgangsfrage: Handelt es sich bei den Wählern der Rechtsparteien eher um Protest- oder eher um Überzeugungswähler? Zur Beantwortung dieser Frage ist es nötig, den gemeinsamen Einfluß von Protesthaltung und Rechtsextremismus auf die Wahl rechter Parteien zu betrachten. Dies soll wiederum in mehreren Schritten erfolgen: Nach einer Analyse der Überlagerung von politischer Protesthaltung und Rechtsextremismus und einem Blick auf den gemeinsamen Effekt von sozialem Benachteiligungsgefühl und Rechtsextremismus soll der kombinierte Einfluß von politischer Protesthaltung, sozialem Benachteiligungsgefühl und Rechtsextremismus auf das Wahlverhalten der Deutschen untersucht werden. Hierbei wollen wir, um mit der Beantwortung einzelner Fragen häufig verbundenen Zufallsergebnissen zu entgehen, erneut stärker mit einem aus mehreren Aussagen gebildeten Index als mit Einzelindikatoren arbeiten.

Abb. 7.2: Die Wahl der Republikaner nach der Antworthäufigkeit auf der Skala „Rechtsextremismus" im Februar 1994

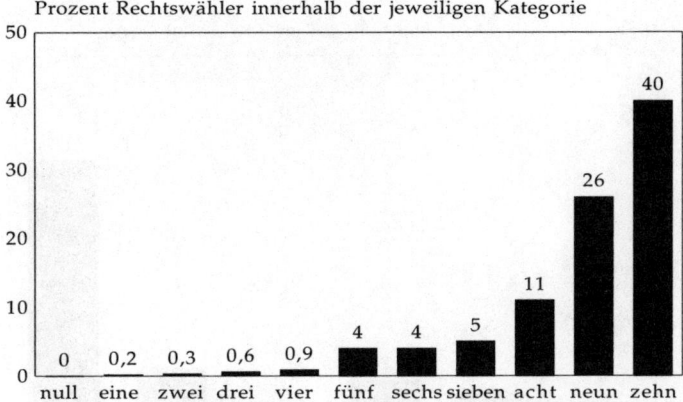

Quelle: Bevölkerungsumfrage des EMNID-Instituts vom Februar 1994. In Klammern: Zahl der Befragten je Kategorie.
Lesehilfe: Von denen, die keiner Behauptung zustimmen, würden 0 % für die Republikaner stimmen, dagegen würden 40 % der Befragten, die allen zehn Behauptungen zustimmen, für die Republikaner stimmen.

Der Index „Politikverdrossenheit" stützt sich auf insgesamt fünf Aussagen, zu denen man auf einer vierstufigen, von „trifft voll zu" bis „trifft überhaupt nicht zu" reichenden Skala Stellung nehmen konnte. Auf den Charakter von Politik schlechthin beziehen sich dabei die Aussagen: „Politik ist ein schmutziges Geschäft" und „Es wird in der Politik zuviel versprochen und zu wenig gehalten"; auf die Fähigkeit, die Unabhängigkeit und die Abgehobenheit von Politikern beziehen sich die drei folgenden Aussagen: „Es wäre besser, wenn über wichtige Dinge Experten entscheiden würden und nicht Politiker", „Die einzelnen Politiker sind zu stark von ihrer Partei abhängig" und „Politiker kümmern sich nicht darum, was einfache Leute denken".

Abb. 7.3: Der Einfluß von „Politikverdrossenheit" und rechtsextremen Einstellungen auf die Wahl der Republikaner im Februar 1994

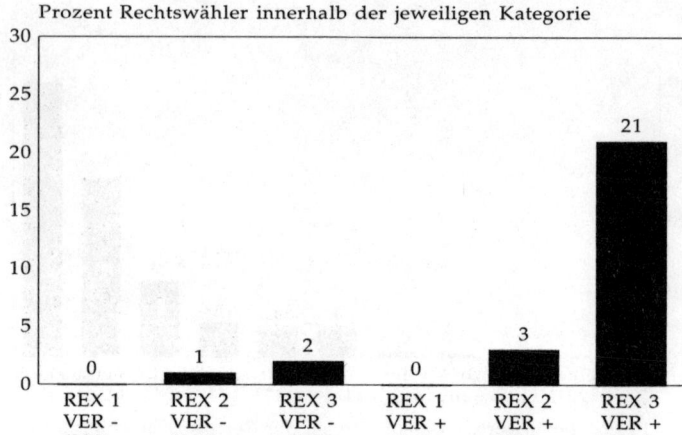

Quelle:	Bevölkerungsumfrage des EMNID-Instituts vom Februar 1994. Werte für Gesamtdeutschland. In Klammern: Zahl der Befragten je Kategorie.
Anm.:	REX 1: Zustimmung zu max. 2 Behauptungen der Rechtsextremismus-Skala, REX 2: Zustimmung zu 3 bis 6 Behauptungen, REX 3: Zustimmung zu minimal 7 Behauptungen; VER – : nicht politikverdrossen, VER + : politikverdrossen.

Aus Abbildung 7.3 geht hervor, daß Politikverdrossene erheblich häufiger als Nichtverdrossene zur Wahl rechter Parteien tendieren. Dies trifft aber nur dann zu, wenn sie gleichzeitig auf der Skala „Rechtsextremismus" einen mittleren oder hohen Wert einnehmen, also nach unserer Definition tendenziell oder eindeutig rechtextrem sind. Von politikverdrossenen, sehr weit rechts stehenden Personen erhalten die Republikaner auch noch Anfang 1994 jede fünfte Stimme; unter den Befragten hingegen, die politikverdrossen, aber nicht rechtsextrem sind, gibt es so gut wie keine Republikanerwähler. Überdurchschnittlichen Zuspruch erhalten die Republikaner folglich nur dort, wo Politikverdrossenheit und rechtsextreme Einstellungen zusammenfallen.

An diesen Zahlenrelationen ändert sich substantiell wenig, wenn man statt Politikverdrossenheit das Gefühl, zu den Benachteiligten zu gehören, als Einflußfaktor mit der Skala Rechtsextremismus kombiniert. Auch dieser Einflußfaktor wird mit Hilfe eines kleinen Index gemessen, in den Aussagen über die Wahrnehmung der eigenen sozialen und wirtschaftlichen Position und der damit zusammenhängenden Zukunftserwartungen einfließen. Diese Aussagen beziehen sich darauf, wie man sich von der Gesellschaft behandelt fühlt, ob gerecht oder ungerecht; wie es einem im Vergleich zur Zeit vor der Wende geht, ob besser oder schlechter; wie man seine gegenwärtige wirtschaftliche Lage beurteilt, ob gut oder schlecht; und wie man sich persönlich von der augenblicklichen Wirtschaftskrise betroffen fühlt, ob stärker oder nicht so stark wie andere. Wieder sind die Republikaner bei solchen Befragten wesentlich erfolgreicher, die sich sozial und wirtschaftlich benachteiligt fühlen; erneut hat dies aber nur dann Auswirkungen auf das Wahlverhalten, wenn rechtsextreme Einstellungen das Gefühl der Benachteiligung politisch kanalisieren. In diesem Fall, also bei Befragten, die sich benachteiligt fühlen und rechtsextrem sind, erzielen die Republikaner mit rund 25 Prozent vergleichsweise hohe Anteilswerte (vgl. Abbildung 7.4). Dagegen hat der Faktor „Benachteiligung" bei Personen, die nicht ziemlich oder sehr weit rechts stehen, keinen meßbaren Einfluß auf die Wahl der Republikaner, wohl aber, wie wir gleich sehen werden, auf die Wahlbeteiligung und die Wahl anderer Parteien.

Eine Kombination der beiden vorstehenden Untersuchungsschritte soll dieses Kapitel abschließen. Durch sie wird es möglich, die eingangs gestellte Frage, was denn die Wähler der Rechtsparteien bewegt, Protest oder Überzeugung, hinreichend differenziert zu beantworten. Hierzu ziehen wir erstmals auch andere Parteien in die Betrachtung mit ein. Um die resultierende Faktorenkonstellation einigermaßen übersichtlich darstellen zu können, greifen wir im folgenden auf das Verfahren des Kontrastgruppenvergleichs zurück. Dieses besteht in einer stufenweisen Zerlegung der Befragten nach der An- oder Abwesenheit bestimmter Merkmale.

Abb. 7.4: Der Einfluß des Gefühls sozialer und wirtschaftlicher Benachteiligung und rechtsextremer Einstellungen auf die Wahl der Republikaner im Februar 1994

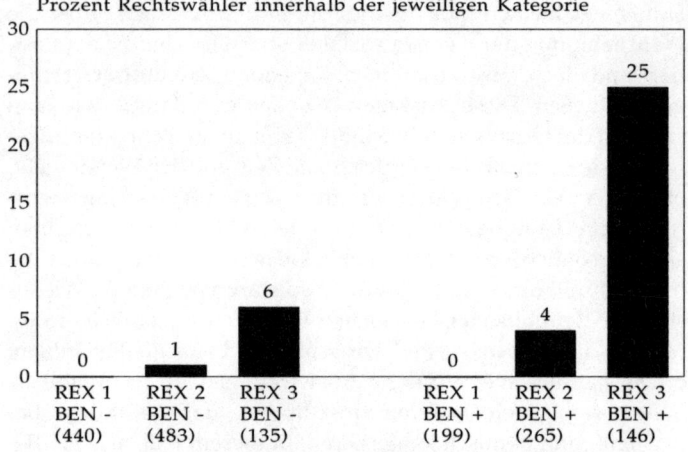

Quelle: Bevölkerungsumfrage des EMNID-Instituts vom Februar 1994. Werte für Gesamtdeutschland. In Klammern: Zahl der Befragten je Kategorie.
Anm.: REX 1: Zustimmung zu max. 2 Behauptungen der Rechtsextremismus-Skala, REX 2: Zustimmung zu 3 bis 6 Behauptungen, REX 3: Zustimmung zu minimal 7 Behauptungen; BEN – : nicht benachteiligt, BEN + : benachteiligt.

So teilen wir auf der ersten Zerlegungsebene die Befragten danach auf, ob sie politikverdrossen sind oder nicht. In einem zweiten Aufteilungsschritt werden dann die Politikverdrossenen bzw. Nichtverdrossenen danach unterschieden, ob sie eher zu den subjektiv Benachteiligten gehören oder nicht. Wir haben es folglich auf dieser zweiten Verzweigungsstufe mit vier Gruppen von Befragten zu tun: Politikverdrossenen, die sich sozial benachteiligt bzw. nicht benachteiligt fühlen und Nichtverdrossenen, die sich ebenfalls benachteiligt fühlen können oder nicht. Im dritten und letzten Aufteilungsschritt werden endlich die vier Befragtengruppen der zweiten Unterscheidungsebene noch nach ihrer Position auf der Skala „Rechtsextremismus" in jeweils drei Kategorien aufgeteilt. Dabei verwenden wir die gleichen Kriterien wie in den Abbildungen 7.3 und 7.4. Wir haben es also am Ende mit insgesamt zwölf Teilgruppen zu tun, die sich von „nicht verdrossen, nicht benachteiligt, nicht rechtsextrem" bis „verdrossen, benachteiligt und rechtsextrem" erstrecken. Für jede aus den verschiedenen Aufteilungsschritten sich ergebende Gruppe geben wir dann den Anteil wieder, den bei Wahlen die Republikaner, die CDU, die PDS und das Nichtwählerlager erhalten würden (vgl. Abbildung 7.5). Die CDU beziehen wir in die Darstellung mit ein, da sie sehr weit rechts stehende Befragte, die sich nicht politikverdrossen und/oder sozial benachteiligt fühlen, integriert, die PDS, weil diese in erhöhtem Maße nicht-rechte Protestwähler bindet, und das Nichtwählerlager, da sich dieses den Wahlberechtigten als ein weiteres, politisch neutrales Ventil für politischen Protest anbietet. Die Einbeziehung von SPD, FDP und Grünen in die Darstellung erwies sich aus Gründen der Lesbarkeit als nicht sinnvoll.

Abbildung 7.5 belegt, daß Anfang 1994 die Republikaner ausschließlich bei Befragten Erfolg haben, die rechts oder sehr weit rechts stehen und sich politikverdrossen und/oder sozial und wirtschaftlich benachteiligt fühlen. Mit 31 Prozent sind sie bei politikverdrossenen, subjektiv benachteiligten rechtsextremen Wählern gegenüber ihrem bundesweit bei knapp vier Prozent liegenden Durchschnittsergebnis weit überrepräsentiert, ja sie sind in dieser Kategorie sogar erheblich stärker als die beiden Unionsparteien. Diese integrieren nach wie vor einen Großteil der nicht politikverdrossenen und sich nicht benachteiligt fühlenden, sehr weit rechts stehenden Befragten. Die PDS hingegen stellt immer stärker ein Sammelbecken für politikverdrossene, sich benachteiligt fühlende Bürger dar, wenn diese nicht rechts sind, wie ihr Stimmenanteil von (gesamtdeutsch!) immerhin 13 Prozent in dieser Gruppe belegt.

Abb. 7.5: Der gemeinsame Einfluß von Politikverdrossenheit, dem Gefühl sozialer Benachteiligung und rechtsextremistischen Einstellungen auf das Wahlverhalten

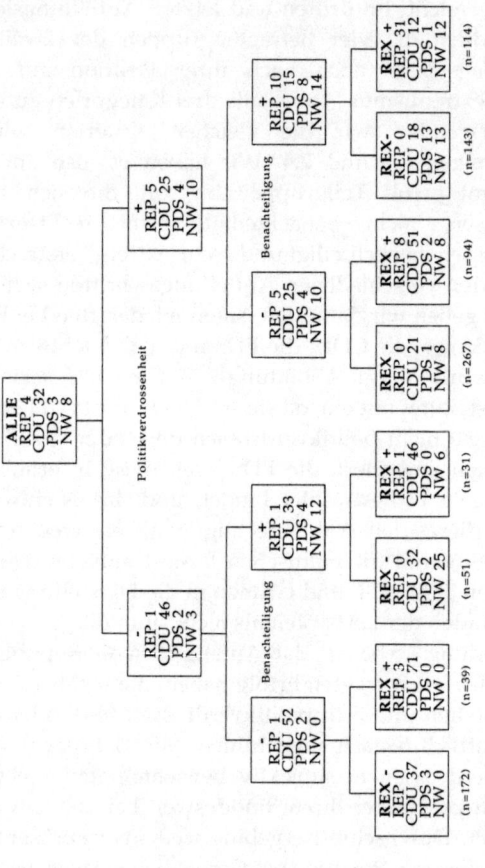

Quelle: Bevölkerungsumfrage des EMNID-Instituts vom Februar 1994. Werte für Gesamtdeutschland. In Klammern: Zahl der Fälle je Kategorie

Die Grünen können, vor allem im Westen, ebenfalls relativ viele „nicht-rechte" Politikverdrossene an sich binden, jedoch werden sie im Gegensatz zur PDS auch von Wählern unterstützt, die sich nicht als sozial benachteiligt ansehen. Das Nichtwählerlager schließlich speist sich – weitgehend unabhängig vom politischen Standort der Befragten – überdurchschnittlich stark aus der Gruppe der subjektiv Benachteiligten und zugleich Politikverdrossenen, wobei Politikverdrossenheit alleine nicht zu überdurchschnittlicher Wahlenthaltung zu führen scheint. Wir können somit zum Abschluß dieses Kapitels ein bemerkenswertes Ergebnis festhalten: Anfang 1994 scheint es so gut wie keine republikanischen Protestwähler zu geben, die politisch nicht zugleich sehr weit rechts stehen! Das Protestwahlmotiv spielt zwar für die Wahl der Republikaner durchaus eine große Rolle, aber nur in Verbindung mit dem Vorhandensein rechtsextremer Einstellungen. Wo diese nicht existieren, profitieren das Nichtwählerlager und die PDS weit überdurchschnittlich vom Protest der Wähler. Umgekehrt reichen rechtsextreme Einstellungen allein nicht aus, die Wahl der Republikaner zu erklären. Sie werden nur dann für die Republikaner wahlwirksam, wenn Protestmotive wie Politikverdrossenheit und das Gefühl sozialer und wirtschaftlicher Benachteiligung hinzutreten. Fehlen solche Protestgründe, erfüllen die Unionsparteien nach wie vor die politisch außerordentlich wichtige Aufgabe einer Integration der (zahlenmäßig nicht sehr starken) „zufriedenen Rechtsextremen". Um Mißverständnissen vorzubeugen: Deswegen werden CDU und CSU nicht zu rechtsextremen Parteien; die weitaus meisten ihrer Wähler von 1994, nämlich genau 80 Prozent, stehen auf der unteren oder mittleren Position der Skala „Rechtsextremismus".

Wie rechts sind die Wähler der Rechtsparteien?

Wenn es stimmt, was wir soeben festgestellt haben: daß Rechtsextremismus eine notwendige, wenn auch nicht hinreichende Bedingung für die Wahl der Republikaner darstellt, dann beantwortet sich die in der Überschrift dieses Kapitels gestellte Frage von selbst. Es gibt Anfang 1994 unter den Wählern der Republikaner kaum Personen, die nach unserer Definition nicht rechtsextremistisch eingestellt sind. Keine andere Partei außer der DVU und der NPD weist einen ähnlich hohen Anteil rechtsorientierter Wähler auf.

Daß die Wähler der Republikaner nahezu durchgängig sehr viel weiter rechts stehen als andere Wahlberechtigte, belegt Abbildung 7.6, wo für jede der zehn Aussagen der Skala „Rechtsextremismus" der Prozentsatz der Republikanerwähler und der Gesamtbevölkerung, die den einzelnen Aussagen völlig zustimmen, gegenübergestellt ist. Jeder einzelnen Aussage wird von einem deutlich höheren Prozentsatz der Republikanerwähler als der übrigen Wahlberechtigten zugestimmt. Eine besonders starke Diskrepanz zwischen Republikanern und Gesamtbevölkerung besteht bei der Aussage, „Die Bundesrepublik ist durch die vielen Ausländer in einem gefährlichen Maß überfremdet". Ihr stimmen 27 Prozent der Wahlberechtigten, aber sage und schreibe 87 Prozent der Republikanerwähler zu. Sehr groß ist der Unterschied auch im Falle der Aussage, „Wir sollten endlich wieder Mut zu einem starken Nationalgefühl haben", der 36 Prozent der Gesamtbevölkerung und 81 Prozent der Republikaner vorbehaltlos beipflichten. Weitere Aussagen, bei denen sich Republikaner und Gesamtbevölkerung sehr stark unterscheiden, sind die Behauptungen, „Der Nationalsozialismus hatte auch seine guten Seiten" und „Ausländer sollten grundsätzlich ihre Ehepartner unter ihren eigenen Landsleuten wählen". In anderen Fällen sind die Unterschiede sehr viel geringer, wenn auch nach wie vor deutlich erkennbar, so bei der Aussage „Ich bin stolz, ein Deutscher zu sein", der auch die Hälfte der Nicht-Republikaner zustimmt, oder bei der Behauptung „Gruppen- und Verbandsinteressen sollten sich bedingungslos dem Allgemeinwohl unterordnen". Die niedrigste Zustimmung überhaupt erfährt bei den Wahlberechtigten insgesamt wie auch bei den Republikanerwählern die Aussage „Unter bestimmten Umständen ist eine Diktatur die bessere Staatsform". Ihr pflichten nur neun Prozent aller Befragten, aber immerhin noch 30 Prozent der Republikaner „völlig" bei.

Abb. 7.6: Die Ausprägung von Rechtswählern und Gesamtbevölkerung auf der Rechtsextremismusskala (Februar 1994)

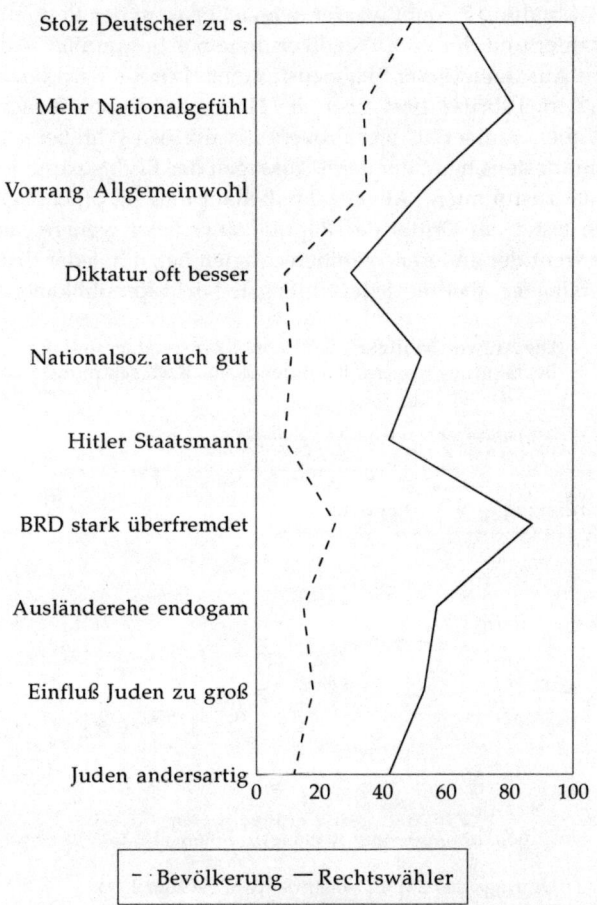

Quelle: Umfrage des EMNID-Instituts vom Februar 1994.
Lesehilfe: 87 % der Rechtswähler, aber nur 27 % der Bevölkerung stimmen der Aussage zu, daß die BRD durch die vielen Ausländer in einem gefährlichen Maße überfremdet ist.

Die Republikanerwähler stimmen jeder einzelnen Aussage der Rechtsextremismusskala folglich wesentlich häufiger zu als die Gesamtbevölkerung. Aussagekräftiger sind die Werte, die beide Gruppen auf der Rechtsextremismusskala insgesamt erzielen. Abbildung 7.7 gibt wieder, wieviel Prozent der Republikanerwähler und der esamtbevölkerung einer bestimmten Anzahl von Aussagen dieser Skala zustimmen. Daraus wird deutlich, daß im Februar 1994 über die Hälfte der Republikanerwähler, aber weniger als vier Prozent der übrigen Wahlberechtigten mindestens neun der zehn Aussagen der Rechtsextremismusskala zustimmten. Allen zehn Behauptungen pflichteten ziemlich exakt ein Drittel der Republikaner, aber weniger als zwei Prozent der anderen Wahlberechtigten bei, d.h. jeder dritte Republikaner, aber nur jeder fünfzigste Nicht-Republikaner.

Abb. 7.7: Die Antworthäufigkeit der Republikanerwähler und der Bevölkerung insgesamt auf der Skala „Rechtsextremismus".

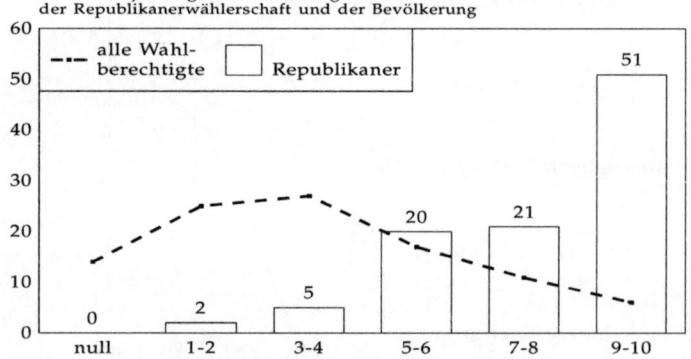

Quelle: Umfrage des EMNID-Instituts vom Februar 1994. In Klammern: Zahl der Befragten je Kategorie.
Lesehilfe: Von den Wählern der Republikaner stimmten rund 51 % neun oder sogar allen zehn Fragen der Skala „Rechtsextremismus" zu, von den übrigen Wahlberechtigten dagegen nur etwa 4 %.

Zumindest diese Gruppe weist nach unserer Auffassung ein geschlossenes rechtsextremistisches Weltbild auf. Es ist jedoch sicher legitim, die Meßlatte etwas niedriger zu legen, wie dies in anderen Untersuchungen zum Thema geschieht. Wieviel Prozent der Deutschen oder der Republikaner aufgrund der von uns ermittelten Skalenwerte als rechtsextrem einzustufen sind, ist nicht eindeutig zu bestimmen. Selbst wenn man die inhaltliche Gültigkeit und formale Qualität der Skala als zweifelsfrei gegeben unterstellt, sind konkrete Prozentangaben über den Anteil Rechtsextremer in einer bestimmten Gruppe immer auch eine Sache der Entscheidung, ab wann man von einem geschlossenen rechtsextremistischen Weltbild überhaupt reden will. Legt man einen strengen Maßstab zugrunde, wie von uns vorgeschlagen, und verlangt, daß von den Befragten zu mindestens neun von zehn Aussagen positiv Stellung genommen wird, bevor man von einer eindeutig rechtsextremistischen Haltung ausgeht, würde derzeit in Deutschland ungefähr jeder Zwanzigste ein geschlossenes rechtsextremes Weltbild aufweisen. Falls man sich mit mindestens acht positiv beantworteten Aussagen zufrieden gibt, steigt der Prozentsatz der Rechtsextremisten in der Bevölkerung auf rund zehn Prozent; und wenn man ein noch weicheres Kriterium zugrundelegt und fordert, daß jemand zu mindestens zwei Drittel der Aussagen positiv Stellung bezieht, also zwischen sieben und zehn Behauptungen der Skala zustimmt, steigt der Anteil von Personen mit relativ festgefügter rechtsextremistischer Weltanschauung in Deutschland sogar auf 17 Prozent. Fast drei Viertel der Republikanerwähler gegenüber „nur" knapp 15 Prozent der übrigen Wahlberechtigten wären dann als „rechtsextrem" einzustufen. Diese 15 bis 17 Prozent Rechtsextreme in der Gesamtbevölkerung entsprächen in etwa den Zahlen, die man andernorts gelegentlich zu diesem Thema zu lesen bekommt, so recht plakativ in der seinerzeit außerordentlich einflußreichen Sinus-Studie *Fünf Millionen Deutsche: „Wir sollten wieder einen Führer haben"*. Nicht vergessen werden darf bei der Interpretation solcher Zahlen, daß Aussagen über den Prozentsatz der Rechts- oder Linksextremisten, der Antisemiten und Fremdenfeindlichen in einem Land immer mit einem gewissen Willkürelement behaftet sind, das mit der notwendigen Setzung von Schnittpunkten zu tun hat.

Gegen dieses Ergebnis ließe sich einwenden, daß im Frühjahr 1993, als der Anteil der Rechtswähler mit rund sechs Prozent noch fast doppelt so hoch lag wie heute, möglicherweise eher „reine Protestwähler" für die Republikaner oder die DVU stimmen wollten als 1994. Denn es ist ja durchaus vorstellbar, daß die Republikaner 1994 auf ihre eigentliche Kernklientel zusammengeschmolzen sind und die reinen Protestwähler längst wieder bei anderen Parteien oder im Nichtwählerlager untergekommen sind. Um diesen Einwand zu prüfen, haben wir eine zweite, wenn auch erst nachträglich anhand vorgegebener Fragen und Aussagen erstellte Rechtsextremismusskala für das Frühjahr 1993 herangezogen. Sie umfaßt, wie die faktorenanalytische Überprüfung zeigt, die gleichen Einstellungsdimensionen wie die oben geschilderte Originalskala, und sie liefert trotz der ganz anderen Ausgangslage ein recht ähnliches Bild wie die im Februar 1994 eingesetzte Skala. Bereits 1993 wurden die Rechtsparteien fast ausschließlich von Personen mit rechten bzw. extrem rechten politischen Vorstellungen unterstützt. Knapp drei Viertel der Rechtswähler verfügten 1993 (wie 1994) über ein rechtsextremistisches Weltbild, sofern man wieder den Schnittpunkt zwischen „rechtsextrem" und „gemäßigt rechts" bei sieben von zehn positiv beantworteten Aussagen legt. Die anhand anderer, aber inhaltlich äquivalenter Fragen gemessenen Einflußfaktoren „Politikverdrossenheit" und „Gefühl sozialer Benachteiligung" führten im Frühjahr 1993 – genau wie im Februar 1994 – nur dann zur Wahl rechter Parteien, wenn sie durch rechtsextreme Einstellungen kanalisiert wurden. Dieses uns zunächst selbst überraschende Ergebnis kann als Beleg dafür angesehen werden, daß die von uns ermittelten Werte nicht völlig unrealistisch sind. Damit ist selbstverständlich nicht ausgeschlossen, daß im Jahre 1989, als die Republikaner in Bayern auf über 14 Prozent der gültigen Stimmen kamen und die Protestwählerhypothese erstmals zur Anwendung kam, tatsächlich ein größerer Anteil der Republikanerstimmen von „reinen Protestwählern" stammte. Die Parallelen zwischen den Meßresultaten von 1993 und 1994 sind trotz unterschiedlicher Erhebungszeitpunkte, anderer Meßinstrumente und natürlich ganz anderer Befragungspersonen jedoch so groß, daß man für die Gegenwart getrost von der Richtigkeit der in diesem Buch vorgestellten Befunde ausgehen kann. Es handelt sich bei ihnen weder um statistische Eintagsbeziehungen noch um reine Zufallsergebnisse.

8. Fazit und Ausblick

Zusammenfassung der wichtigsten Untersuchungsergebnisse

(a) Auch heute noch bestehen deutliche Unterschiede in der Affinität der beiden Geschlechter gegenüber den Rechtsparteien. Frauen wählen weitaus seltener Republikaner und DVU als Männer. Von ihren Anhängern her gesehen stellen beide Parteien deshalb tatsächlich so etwas wie „Männerparteien" dar.

(b) Beide Parteien waren zwischen 1989 und 1993 im allgemeinen bei Jungwählern überdurchschnittlich erfolgreich; ältere Wahlberechtigte sind, zumindest innerhalb der Republikaneranhängerschaft, im Vergleich zu ihrem Anteil an der Gesamtbevölkerung, unterrepräsentiert. Jedoch gibt es hiervon Ausnahmen (Europawahl 1989; Hamburg 1993). Auch scheint die Überrepräsentation junger Wähler im Zeitverlauf allmählich zurückzugehen. Darüber hinaus bildeten innerhalb der Anhängerschaft beider Parteien Personen über 45, bedingt durch ihr Gewicht in der Bevölkerung, bei den meisten seit 1989 durchgeführten Wahlen trotzdem eine Mehrheit. In den neuen Bundesländern blieben im Gegensatz zum Westen die Erfolge der rechten Gruppierungen bisher weitestgehend auf die jüngere Generation und hier wiederum besonders stark auf die jüngsten Wahlberechtigtengruppen begrenzt.

(c) Befragte, die das vielzitierte untere Drittel bzw. genauer: das untere Fünftel der Gesellschaft ausmachen, denen es finanziell schlechter geht als dem Durchschnitt, die weniger gebildet sind und sich am Fuß der Schichtungspyramide einordnen, neigen deutlich stärker als der Durchschnitt zur Wahl rechter Parteien. Wer seinen Arbeitsplatz als bedroht ansieht, tendiert ebenfalls überdurchschnittlich zu den Republikanern oder der DVU. Je höher die Bildung, die berufliche Stellung oder der Sozialstatus, je sicherer der Arbeitsplatz, desto geringer dagegen die Wahrscheinlichkeit einer Rechtswahl.

(d) Wo sich Kirchen- und Gewerkschaftsbindung überlagern, sind die Rechtsparteien auch im wiedervereinigten Deutschland so gut wie chancenlos. Dabei scheint die Kirchenbindung, wie schon früher, im Vergleich zur Gewerkschaftsverbundenheit etwas stärker gegenüber den Rechtsparteien zu immunisieren. Dagegen übt in den alten Bundesländern die bloße Mitgliedschaft in der katholischen Kirche kaum noch einen hemmenden Einfluß auf die Rechtswahl aus.

(e) Rechtswähler bezeichnen häufiger als andere die Themen „Ausländer und Asyl" und „Politik- und Parteienverdrossenheit" als in ihren Augen wichtigste Problemfelder der Politik. Diese andere Problemsicht schlägt sich in der unterschiedlichen Neigung der verschiedenen Einstellungsgruppen zu den Rechtsparteien nieder: Personen mit einer kritischen Haltung gegenüber Ausländern und Asylbewerbern tendieren stärker als der Durchschnitt und um ein Vielfaches häufiger als Befragte, die hierzu eine Gegenposition einnehmen, zur Wahl rechter Parteien. Ähnliche Beziehungen gelten für Aussagen nationalistischen, antisemitischen und antidemokratischen Inhalts: Personen, die solchen Aussagen völlig zustimmen, die Hitler ohne Judenvernichtung für einen großen Staatsmann halten und dem Nationalsozialismus vorbehaltlos auch gute Seiten zubilligen, tendieren 1994 weitaus stärker als der Durchschnitt der deutschen Bevölkerung zur Wahl der Republikaner.

(f) Daneben wird die Wahl von Rechtsparteien durch Politiker- und Parteienverdrossenheit sowie durch das Gefühl, sozial benachteiligt zu sein, beeinflußt.

(g) Das eigentlich überraschende Ergebnis der Untersuchung aber betrifft die Frage nach der Rolle nicht ideologisch motivierter, d. h. nicht rechtsextrem denkender Protestwähler innerhalb der Wählerschaft der Republikaner. So sehr es den allgemeinen Erwartungen widerspricht: Anfang 1994 scheint es so gut wie keine republikanischen Protestwähler zu geben, die politisch nicht zugleich extrem weit rechts stehen! Umgekehrt reichen rechtsextreme Einstellungen allein nicht aus, die Wahl der Republikaner zu erklären. Sie werden nur dann für die Republikaner wahlwirksam, wenn Protestmotive wie Politikverdrossenheit und das Gefühl sozialer und wirtschaftlicher Benachteiligung hinzutreten.

(h) Daraus folgt, daß keine andere Partei außer der DVU und vermutlich der NPD, die jedoch mangels Masse und Bekennermut ihrer Anhänger in den Umfragen von 1994 kaum eine Rolle spielen, einen auch nur annähernd gleich großen Anteil rechtsorientierter Wähler aufweist wie die Republikaner. Selbst wenn man einen äußerst strengen Maßstab anlegt, weist jeder dritte Republikanerwähler (!), aber nur jeder fünfzigste Nicht-Republikaner ein geschlossenes rechtsextremistisches Weltbild auf. Unter den *Anhängern* der Republikaner, sozusagen ihrer Kernklientel, ist der Prozentsatz von Personen mit einer festgefügten rechtsradikalen Haltung sogar noch höher.

(i) Wieviel Prozent der Deutschen bzw. der Republikaner aufgrund der von uns ermittelten Skalenwerte als rechtsextrem einzustufen sind, hängt auch davon ab, von welchem Punkt an man von einem geschlossenen rechtsextremistischen Weltbild sprechen will. Legt man einen harten Maßstab zugrunde, wie von uns vorgeschlagen, würde derzeit in Deutschland ungefähr jeder Zwanzigste ein festgefügtes rechtsextremes Weltbild aufweisen. Falls man ein weicheres Kriterium verwendet und fordert, daß jemand zu mindestens zwei Drittel der Aussagen unserer Rechtsextremismusskala positiv Stellung nimmt, beträgt der Anteil von Personen mit relativ festgefügter rechtsextremistischer Weltanschauung in Deutschland rund 17 Prozent. Fast drei Viertel der Republikanerwähler gegenüber „nur" knapp 15 Prozent der übrigen Wahlberechtigten wären nach diesem weicheren Maßstab als „rechtsextrem" einzustufen.

(j) Daraus ergibt sich: Die Wähler der Republikaner und der DVU sind zwar ganz überwiegend Protestwähler; zugleich aber sind sie nach unserer Definition in ihrer großen Mehrheit Menschen mit einem relativ geschlossenen rechtsextremistischen Weltbild. Mit anderen Worten: Bei den Wählern der Republikaner von 1993 und 1994 handelt es sich mit hoher Wahrscheinlichkeit um rechtsextreme Protestwähler.

Interpretative Schlußfolgerungen

Unsere Untersuchungsergebnisse stützen sehr weitgehend die Annahmen der Modernisierungsverliererhypothese: Arbeiter, Personen mit niedriger Schulbildung und geringem Einkommen und Befragte, die sich Sorgen um ihren Arbeitsplatz machen, neigen stärker als andere zur Wahl von Rechtsparteien. Diese Personengruppen fühlen sich zudem, insoweit durchaus realitätsadäquat, im wirtschaftlichen und sozialen Bereich subjektiv benachteiligt und tendieren überdies etwas häufiger als andere zu Parteien- und Politikverdrossenheit. Gleichzeitig fühlen sie sich in besonderem Maße von Ausländern und Asylbewerbern bedroht. Schließlich stimmen sie erkennbar häufiger als sozial besser gestellte, höher gebildete Befragte Aussagen nationalistischen, fremdenfeindlichen, antidemokratischen oder antisemitischen Inhalts zu. Auf der Rechtsextremismusskala rangieren sie denn auch weit höher als andere Bevölkerungsgruppen; und unter den Wählern von DVU und Republikanern stellen sie klar die Mehrheit.

Die von der Modernisierungsverliererhypothese aufgestellte Kausalkette lautet dabei in etwa wie folgt: objektive soziale Probleme führen zu subjektiven Deprivationsgefühlen, diese begünstigen wiederum Politikverdrossenheit, eine politische Protesthaltung und rechtsextremistische Denkmuster, was schließlich – beileibe nicht bei allen, aber doch einer signifikanten Minderheit – die Wahl rechter Flügelparteien fördert. Wir haben in diesem Buch nicht alle Verknüpfungen der Glieder dieser Kette explizit durch Daten belegt. Die Kausalkette scheint jedoch, das zeigt die von uns zwar durchgeführte, aber nicht im einzelnen berichtete „Hintergrundanalyse", weitgehend zuzutreffen. Politikverdrossenheit alleine führt dabei ebensowenig zur Wahl rechter Parteien wie die Existenz eines geschlossenen rechtsextremistischen Weltbildes. Vielmehr müssen beide Faktoren zusammenkommen, eine politische Protesthaltung und rechtsradikale Einstellungen.

Nach den von uns ausgewerteten Umfragen setzte sich die Wählerschaft der Rechtsparteien 1994, wie schon 1993, weit überwiegend aus politisch unzufriedenen Personen mit einem relativ geschlossenen rechtsextremistschem Weltbild zusammen. Die anderen Parteien weisen ebenfalls Wähler mit klar nachweisbaren rechtsradikalen Einstellungen auf, doch handelt es sich bei ihnen eher um politisch „zufriedene Rechtsextreme". Auch machen sie naturgemäß einen viel geringeren Anteil der Wählerschaft dieser Parteien aus. Innerhalb der Unionsparteien sind es rund 20 Prozent der Wähler, bei den Nichtwählern etwa 17 Prozent und unter den SPD-Wählern ca. 14 Prozent, die ein relativ geschlossenes rechtsextremistisches Weltbild besitzen. Am geringsten ist der Anteil von Personen mit rechtsradikalen Einstellungen bei FDP, PDS und Grünen.

Praktisch-politische Konsequenzen

Der Befund, daß zwei Faktoren zusammenkommen müssen, damit die Wähler überdurchschnittlich häufig für eine Rechtspartei stimmen, nämlich ein relativ konsistentes rechtsextremistisches Weltbild und politische Protesthaltung, hat Konsequenzen für mögliche Gegenstrategien der anderen Parteien: Durch weltanschauliche Umarmung oder Anpassung sind die Wähler der rechten Flügelparteien angesichts ihrer festgefügten Weltanschauung wohl kaum zurückzugewinnen. Eher schon erscheint der Versuch erfolgversprechend, gegen den zweiten Faktor, die aus Politikverdrossenheit und dem Gefühl sozialer und wirtschaftlicher Benachteiligung gespeiste politische Protesthaltung, anzugehen. Dies ist schwierig genug, verlangt aber von den Parteien der linken und rechten Mitte wenigstens keine unerträglichen, notwendigerweise immer einen Teil der eigenen Klientel verprellende weltanschauliche Verbiegungen und symbolische Verbalradikalismen.

Solche kurzfristig möglicherweise erfolgreichen Strategien gegen die noch immer weitverbreitete, wenn auch möglicherweise allmählich zurückgehende politische Protesthaltung könnten unter anderem sein:
– der Nachweis politischer Handlungsfähigkeit der Parteien durch die Vermittlung des Gefühls von Lösungskompetenz und den Verzicht auf symbolische Machtspielchen, wenn es um wichtige politische Aufgaben geht;

- die Reform verkrusteter Organisationsstrukturen der Parteien durch die Erweiterung von Einflußmöglichkeiten der Parteimitglieder auf die Auswahl von Kandidaten und Führungspersonal;
- die Herstellung größerer politischer Mitwirkungschancen für alle Wahlberechtigten durch die Direktwahl von Bürgermeistern und Landräten nach dem Muster der süddeutschen Ratsverfassung sowie vielleicht auch die Wahl des Bundespräsidenten durch die Bürger, ferner die Einführung von Sachplebisziten auf der Ebene der Gemeinden und der Länder, wenn auch nicht notwendigerweise des Bundes;
- der allmähliche Rückzug der Parteien aus vom Grundgesetz in dieser Form nicht vorgesehenen Bereichen des vorpolitischen Raums, beispielsweise den Rundfunk- und Fernsehräten, den Aufsichtsgremien lokaler und regionaler Versorgungsunternehmen sowie der Sparkassen, den Vorständen von Landesbanken und Girozentralen, von örtlichen Wohnungsbaugenossenschaften etc.

Erfolge lassen sich damit natürlich nicht garantieren, doch ohne zu handeln wird man an der allgemeinen Parteien- und Politikerverdrossenheit allen Gesundbetereien der politischen Klasse zum Trotze nichts ändern, es sei denn zum Schlechteren.

Perspektiven

Zur Zeit der Niederschrift dieses Buches verdichten sich die Anzeichen, daß sich die Republikaner in einem Tief, ja vielleicht sogar in einer Phase des Niedergangs befinden. Bei der ersten wichtigeren Wahl des Jahres 1994, der Landtagswahl in Niedersachsen, blieben sie mit 3,5 Prozent der gültigen Stimmen weit unter der Fünfprozentmarke. In anderen Bundesländern, in denen in diesem Jahr noch gewählt wird, vor allem in Bayern, dürften sie etwas bessere Chancen für einen Einzug in den Landtag haben. Ihre Aussichten, die Fünfprozent-Sperrklausel bei der Europawahl im Juni 1994 zu überwinden, sind sicherlich günstiger, als sie das bei der Bundestagswahl im Oktober dieses Jahres sind. Dennoch ist die politische Konjunktur im Superwahljahr 1994 nicht rosig für die Republikaner und ihre Konkurrenten von rechtsaußen.

Vielleicht nicht der einzige, aber doch ein ganz wichtiger Grund für den Rückgang der Republikaner dürfte darin bestehen, daß ihnen im Verlauf des Jahres 1993 ihr Thema abhanden gekommen ist. Das war schon einmal im Zusammenhang mit der deutschen Einheit der Fall, als die anderen damals in den Augen der Bevölkerung wichtigen politischen Probleme Ende 1989 vom Thema „Einheit" fast völlig verdrängt wurden. Wie aus Abbildung 9.1 zu erkennen ist, sank der Anteil derer, die „Ausländer und Asylanten" als wichtigstes politisches Problem empfanden, zwischen Frühjahr 1989 und Frühjahr 1990 von rund 55 auf unter zehn Prozent. Gleichzeitig stieg die Häufigkeit der Nennung von Themen, die mit der deutschen Einheit zusammenhingen, von gut 20 auf über 80 Prozent. Praktisch im gleichen Rhythmus verloren die Republikaner in der Bevölkerung fast vollständig die Unterstützung. Die Wahlabsicht für sie sank von knapp acht Prozent im Frühjahr 1989 auf weniger als ein halbes Prozent Mitte 1990. Ab Mitte 1991 stieg die Bedeutung des Themas „Ausländer und Asyl" wieder wie Phönix aus der Asche empor, um dann mit einigen Auf- und Abbewegungen nach einem absoluten Höhepunkt in der zweiten Jahreshälfte 1992 etwa ab Mitte 1993 ebenso abrupt wieder von der Tagesordnung zu verschwinden. Die Wahlabsicht zugunsten der Republikaner, die in Abbildung 9.1 durch die graue „Gebirgsfläche" repräsentiert wird, folgt in geradezu verblüffender Gleichförmigkeit, wenn auch um einige Monate versetzt, dem Verlauf, den das Ausländerthema nahm. Mit der abnehmenden Konjunktur dieses Themas ging auch die Wahlbereitschaft zugunsten der Republikaner drastisch auf den heutigen Stand von bundesweit drei bis vier Prozent zurück. Verdrängt wurde das Problemfeld „Ausländer und Asyl" durch das in den neuen Bundesländern schon seit längerem alle anderen politischen Probleme dominierende Thema „Arbeitslosigkeit", das im Frühjahr 1994 nun auch in den alten Bundesländern von rund 70 Prozent aller Befragten als wichtigstes politisches Problem überhaupt genannt wird.

Abb. 8.1: Die Entwicklung der Wahlabsicht für die Republikaner und die Entwicklung der wichtigsten politischen Probleme 1989-1993 (alte Bundesländer)

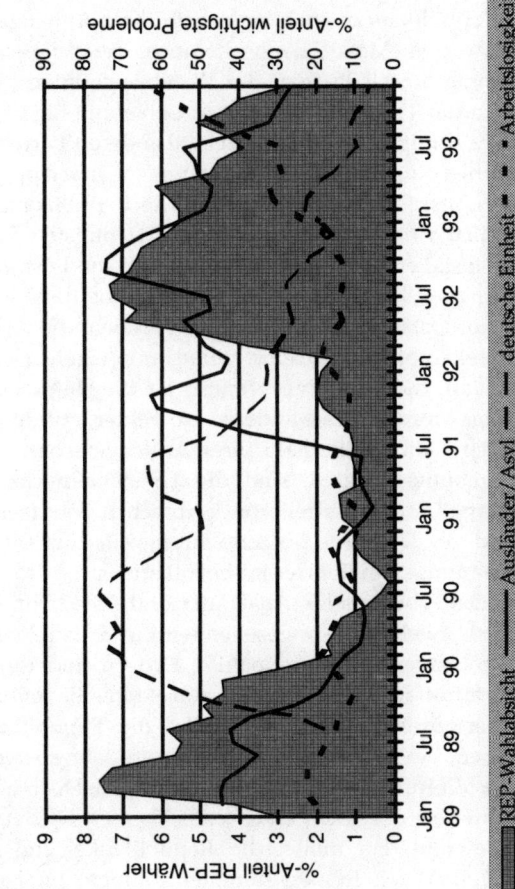

Quelle: Kumulierte Politbarometer 1989-1993 der Forschungsgruppe Wahlen

Daß es sich bei der Parallelität des Rückgangs der Republikanerwahlabsichten und des Ausländerthemas um mehr als einen zufälligen statistischen Zusammenhang handelt, wird deutlich, wenn man sich vergegenwärtigt, daß das Thema „Ausländer und Asyl" das einzige politische Problemfeld überhaupt ist, bei dem den Republikanern auch außerhalb ihrer Anhängerschaft in nennenswertem Maße Lösungskompetenzen zugeschrieben werden: Immerhin elf Prozent der Wahlberechtigten glaubten noch im Februar 1994, daß auf diesem Gebiet die Republikaner eine größere Kompetenz besäßen als die anderen Parteien. Unter den Wählern der Republikaner waren sogar knapp 80 Prozent dieser Ansicht. Dagegen besitzen die Republikaner beim augenblicklich von den Nennungen her wichtigsten Problem, der Arbeitslosigkeit, so gut wie überhaupt keine Lösungskompetenz. Nur zwei Prozent der Bevölkerung halten die Republikaner für kompetenter als die übrigen Parteien, die Arbeitslosigkeit zu bekämpfen, und selbst unter ihren eigenen Wählern weist ihnen auf diesem Gebiet weniger als die Hälfte eine größere Lösungskompetenz als anderen zu. Felder, auf denen den Republikanern auch außerhalb ihrer Anhängerschaft Kompetenzen zugebilligt werden, sind die Themenbereiche „Ruhe und Ordnung", „die Bürger vor Verbrechen schützen" und „die Jugend vor Drogen schützen" mit jeweils fünf bis sieben Prozent Nennungen in der Gesamtbevölkerung.

Solange das Problemfeld „Ausländer und Asyl" von der Bevölkerung als zweitrangig angesehen wird und auch keines der mit den Problemen von Kriminalität, Drogen und Ruhe und Ordnung verbundenen Themen an subjektiver Bedeutung für die Wahlberechtigten gewinnt, dürften die Republikaner es schwer haben, bei irgendeiner der in diesem Jahr anstehenden Wahlen die Fünfprozentmarke zu überspringen. Doch niemand kann garantieren, daß nicht eines jener Themen wieder an Bedeutung gewinnt, bei denen die Republikaner und andere rechte Flügelparteien Punkte sammeln können. Im Falle des Ausländer- und Asylthemas haben wir binnen fünf Jahren einen zweimaligen Auf- und Abstieg erlebt. Daß angesichts der weltweiten Armutswanderung dieses Themenfeld auf Dauer von Tisch sein sollte, erscheint mehr als unwahrscheinlich. Erscheinungen wie der jüngst aufgeflammte Kurdenprotest in der Bundesrepublik mit seinen kriminellen Begleiterscheinungen könnte zu einer unerwartet schnellen Bedeutungssteigerung des Problemfeldes „Ruhe und Ordnung" und vor allem zu einer Renaissance des Themas „Ausländer und Asyl" führen, beides Themengebiete, auf denen den Republikanern Lösungskompetenzen zugebilligt werden; ihre Wahlchancen würden dadurch auf einen Schlag wieder beträchtlich steigen.

Das Eis ist brüchig, das derzeit ruhige Erscheinungsbild der Oberfläche trügt; vollständige Entwarnung ist daher unangebracht. Das Potential für einen Wahlerfolg rechter Randparteien ist in der Bundesrepublik nach wie vor da. Jeder zwanzigste Wahlberechtigte verfügt unserer Definition zufolge über eine festgefügte rechtsextremistische Ideologie, jeder siebte weist ein zwar nicht vollständig geschlossenes, aber doch überwiegend durch rechtsradikale Inhalte geprägtes politisches Weltbild auf. Wenn Politikverdrossenheit und soziale Benachteiligungsgefühle hinzutreten, ist die Wahrscheinlichkeit der Stimmabgabe für die Republikaner oder eine andere Rechtspartei relativ hoch. Sollten sich mehr Menschen als bisher gesellschaftlich an den Rand gedrängt fühlen, könnte der während des vergangenen dreiviertel Jahres gesunkene Stimmenanteil rechter Parteien wieder anwachsen. Durch eine Verlängerung und eventuelle Verschärfung der gegenwärtigen Wirtschaftskrise, aber auch durch eine andauernde Abkoppelung Ostdeutschlands von der allgemeinen Entwicklung würde dieses Gefühl sozialer Benachteiligung und wirtschaftlichen Zurückbleibens sicherlich entscheidend gefördert werden.

Trotz des weiter existierenden Potentials für einen rechten Wahlerfolg besteht angesichts seiner zahlenmäßigen Begrenzung derzeit keine Gefahr für die Demokratie. Zwischen zehn und fünfzehn Prozent „weiche" und rund fünf Prozent „harte" Rechtsextremisten sind international gesehen sozusagen normal. Daß man dennoch wachsam sein muß, die Augen nicht verschließen darf, versteht sich angesichts der Hypothek der deutschen Geschichte von selbst.

Bibliographie: Weiterführende Literatur

Thomas Assheuer und Hans Sarkowicz, Rechtsradikale in Deutschland. Die alte und die neue Rechte, München 1990.

Uwe Backes, Politischer Extremismus in demokratischen Verfassungsstaaten. Elemente einer normativen Rahmentheorie, Opladen 1989.

Uwe Backes, Extremismus und Populismus von rechts. Ein Vergleich auf europäischer Ebene, in: Aus Politik und Zeitgeschichte, B 46-47/1990, S. 3-14.

Uwe Backes und Eckhard Jesse, Politischer Extremismus in der Bundesrepublik Deutschland, 3 Bde., Köln 1989.

Uwe Backes und Eckhard Jesse (Hrsg.), Jahrbuch Extremismus und Demokratie, Bonn 1989ff.

Petra Bauer und Oskar Niedermayer, Extrem rechtes Potential in den Ländern der Europäischen Gemeinschaft, in: Aus Politik und Zeitgeschichte, B 46-47/1990, S. 15-26.

Wolfgang Benz (Hrsg.), Rechtsextremismus in der Bundesrepublik. Voraussetzungen, Zusammenhänge, Wirkungen, Frankfurt a.M., Neuaufl 1989.

Klaus von Beyme (Hrsg.), Right-Wing Extremism in Western Europe, Special Issue of West European Politics, London 1988.

Heinz Brüdigam, Der Schoß ist fruchtbar noch. Neonazistische, militärische, nationalistische Literatur und Publizistik in der Bundesrepublik, Frankfurt a. Main 1964.

Otto Büsch und P. Furth, Rechtsradikalismus im Nachkriegsdeutschland. Studien über die „Sozialistische Reichspartei" (SRP), Berlin und Frankfurt/M. 1957.

Christoph Butterwegge und Horst Isola (Hrsg.), Rechtsextremismus im vereinten Deutschland. Randerscheinung oder Gefahr für die Demokratie?, Berlin 1990.

Roland Eckert, Vom „Schläger" zum „Kämpfer". Jugendgewalt und Fremdenfeindlichkeit, in: Der Bürger im Staat, Jg. 43, H. 2, 1993, S. 135-142.

Jürgen Dinse, Zum Rechtsextremismus in Bremen. Ursachen und Hintergründe der Erfolge rechtsextremer Parteien, Bremen 1992.

Peter Dudek und Hans-Gerd Jaschke, Entstehung und Entwicklung des Rechtsradikalismus in der Bundesrepublik. Zur Tradition einer besonderen politischen Kultur. Bd. 1: Textband, Bd. 2: Dokumente und Materialien, Opladen 1984.

Jürgen W. Falter, Hitlers Wähler, München 1991.

ders. und Siegfried Schumann, Die Republikaner, in: Peter Eisenmann/Gerhard Hircher (Hrsg.), Die Entwicklung der Volksparteien im vereinten Deutschland, München/Landsberg 1992, S. 191-228.

dies., Nichtwahl und Protestwahl: Zwei Seiten einer Medaille, in: Aus Politik und Zeitgeschichte, B11/93, S. 36-49.

Margret Feit, Die „Neue Rechte". Hajo Funke, „Republikaner" Rassismus, Judenfeindschaft, nationaler Großenwahn. Zu den Potentialen der Rechtsextremen am Beispiel der Republikaner, Berlin 1989.

Wolfgang Gessenharter u.a., Rechtsextremismus als normativ-praktisches Forschungsproblem. Eine empirische Analyse der Einstellungen von studierenden Offizieren der Hochschule der Bundeswehr Hamburg sowie militärischen und zivilen Vergleichsgruppen, Weinheim/Basel 1978.

Franz Greß, Hans-Gerd Jaschke und Klaus Schönekäs, Neue Rechte und Rechtsextremismus in Europa. Bundesrepublik, Frankreich, Großbritannien, Opladen 1990.

Werner Habermehl, Sind die Deutschen faschistoid? Ergebnisse einer empirischen Untersuchung über die Verbreitung rechter und rechtsextremer Ideologien in der Bundesrepublik Deutschland, Hamburg 1979.

Wilhelm Heitmeyer, Rechtsextremistische Orientierungen bei Jugendlichen. Empirische Ergebnisse und Erklärungsmuster einer Untersuchung zur politischen Sozialisation, 2. Aufl., Weinheim/München 1988.

Wilhelm Heitmeyer u.a., Die Bielefelder Rechtsextremismus-Studie. Erste Langzeituntersuchung zur politischen Sozialisation männlicher Jugendlicher, Weinheim und München 1992.

Eike Hennig (in Zusammenarbeit mit Manfred Kieserling und Rolf Kirchner), Die Republikaner im Schatten Deutschlands. Zur Organisation der mentalen Provinz, Frankfurt am Main 1991.

Thomas A. Herz, Soziale Bedingungen für Rechtsextremismus in der Bundesrepublik Deutschland und in den Vereinigten Staaten, Meisenheim am Glan 1975.

Ursula Jaerisch, Sind Arbeiter autoritär?, Frankfurt am Main u. Köln 1985.

Hans-Gerd Jaschke, Die „Republikaner". Profile einer Rechtsaußen-Partei, Bonn 1990.

Manfred Jenke, Verschwörung von rechts? Ein Bericht über den Rechtsradikalismus in Deutschland nach 1945, Berlin 1961.

Karl-Heinz Klär u.a. (Hrsg.), Die Wähler der extremen Rechten, 3 Bände, Bonn 1989.

Hans Dieter Klingemann und Franz Urban Pappi, Politischer Radikalismus. Theoretische und methodologische Probleme der Radikalismusforschung, München 1970.

Peter Ködderitzsch und Leo A. Müller, Rechtsextremismus in der DDR, Göttingen 1990.

William Kornhauser, The Politics of Mass Society, New York, London 1959.
Reinhard Kühnl, Rainer Rilling und Christine Sager, Die NPD. Struktur, Ideologie und Funktion einer neofaschistischen Partei, Frankfurt a. M. 1969.
Gerda Lederer, Jugend und Autorität, Opladen 1983.
Claus Leggewie, Die Republikaner. Ein Phantom nimmt Gestalt an, Berlin 1990.
Seymour Martin Lipset, Soziologie der Demokratie, Neuwied 1962.
Patrick Moreau, Les Héritiers du IIIe Reich. L'extrême droite allemande de 1945 à nos jours, Paris 1994 (Seuil).
Detlef Oesterreich, Autoritäre Persönlichkeit und Gesellschaftsordnung. Der Stellenwert psychischer Faktoren für politische Einstellungen – eine empirische Untersuchung von Jugendlichen in Ost und West, Weinheim und München 1993 (1993).
Franz Urban Pappi, Die Republikaner im Parteiensystem der Bundesrepublik. Protesterscheinung oder politische Alternative? in: Aus Politik und Zeitgeschichte, B 21/1989, S. 37-44.
Gerhard Paul (Hrsg.), Hitlers Schatten verblaßt. Die Normierung des Rechtsextremismus, Bonn 1989.
Armin Pfahl-Traughber, Rechtsextremismus. Eine kritische Bestandsaufnahme nach der Wiedervereinigung, Bonn 1993.
Gerhard A. Ritter/Merith Niehuss, Wahlen in Deutschland 1946-1991. Ein Handbuch, München 1991.
Dieter Roth, Sind die Republikaner die fünfte Partei? Sozial- und Meinungsstruktur der Wähler der Republikaner, in: Aus Politik und Zeitgschichte, B 41-42/89, S. 10-20.
Dieter Roth, Die Republikaner. Schneller Aufstieg und tiefer Fall einer Protestpartei am rechten Rand, in: Aus Politik und Zeitgeschichte, B 37-38/1990, S. 27ff.
Erwin K. Scheuch unter Mitarbeit von Hand Dieter Klingemann, Theorie des Rechtsradikalismus in westlichen Industriegesellschaften, in: Heinz-Dieter Ortlieb und Bruno Molitor (Hrsg.), Hamburger Jahrbuch für Wirtschafts- und Sozialpolitik 12, Tübingen 1967, S. 11-29.
Siegfried Schumann, Politische Einstellungen und Persönlichkeit, Frankfurt am Main usw. 1986.
H. Joachim Schwagerl, Rechtsextremes Denken. Merkmale und Methoden, Frankfurt am Main 1993.
SINUS-Institut, 5 Millionen Deutsche: „Wir sollten wieder einen Führer haben ...". Eine SINUS-Studie über rechtsextremistische Einstellungen bei den Deutschen, Reinbek 1981.
SINUS-Institut, Die verunsicherte Generation, Opladen 1983.
Richard Stöss, Die „Republikaner". Woher sie kommen - Was sie wollen – Wer sie wählt – Was zu tun ist, Köln 1990.

Richard Stöss, Vom Nationalismus zum Umweltschutz. Die Deutsche Gemeinschaft/Aktionsgemeinschaft Unabhängiger Deutscher im Parteiensystem der Bundesrepublik, Opladen 1980.

Kurt P. Tauber, Beyond Eagle and Swastika. German Nationalism since 1945, 2 Bände, Middletown 1967.

Hans-Joachim Veen, Norbert Lepszy und Peter Mnich, The Republikaner-Party in Germany. Right-Wing Menace or Protest Catchall? Westport, Conn. und London: Praeger Publishers, 1993.

Rechtsradikalismus in Deutschland

Thomas Assheuer/Hans Sarkowicz
Rechtsradikale in Deutschland
Die alte und die neue Rechte
Nachdruck der zweiten, aktualisierten Auflage. 1994.
258 Seiten. Paperback
Beck'sche Reihe Band 428

Till Bastian
Auschwitz und die „Auschwitz-Lüge"
Massenmord und Geschichtsfälschung
1994. 103 Seiten mit 10 Abbildungen und 3 Karten. Paperback
Beck'sche Reihe Band 1058

Klaus Farin/Eberhard Seidel-Pielen
Skinheads
2., durchgesehene Auflage. 1994. 228 Seiten
mit 32 Abbildungen. Paperback
Beck'sche Reihe Band 1003

Astrid Lange
Was die Rechten lesen
Fünfzig rechtsextreme Zeitschriften: Ziele, Inhalt, Taktik
Unveränderter Nachdruck. 1993.
177 Seiten. Paperback
Beck'sche Reihe Band 1014

Claus Leggewie
Druck von rechts
Wohin treibt die Bundesrepublik?
Mit einem Beitrag von Horst Meier
1993. 168 Seiten. Paperback
Beck'sche Reihe Band 1017

Verlag C. H. Beck München